U0092345

詩的記憶

我與54位當代中國詩人

蘇歷銘——著

目次

牛漢

與大地相連的生命

按照會議通知，我提前半小時到達清華大學甲所，正巧遇見牛漢被人從汽車上攙扶下來，坐上輪椅。今年初見到時，他還不需要輪椅，而現在這位倔強的長者只能依靠輪椅緩慢前行。我加入到抬輪椅的人群裏，他低頭問我：你沒有出差？看來經常出差的印象已經深深地印在老人的記憶裏。我告訴他，現在我已經放慢節奏了。

在上世紀八十年代，我就讀過牛漢的《溫泉》詩集，從《華南虎》、《汗血馬》等詩篇中，感受著他在浩劫年代始終堅守思想和藝術的正直品質。他主編的《新文學史料》，我幾乎每期必讀，從中瞭解到五四運動以後中國文學的演變

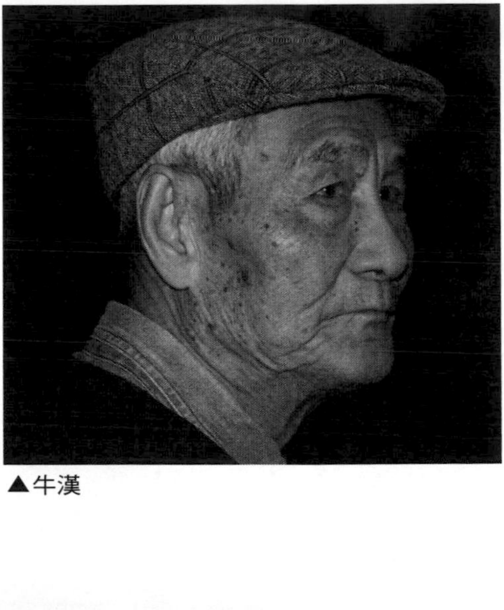

▲牛漢

和進化，對我這個非文學系的學子而言，它近乎於一本專業教科書。

上世紀九十年代在日本留學時，日本詩人財部鳥子委託我與中國詩人聯繫，邀請他們出席一九九六年在日本群馬舉辦的世界詩人大會。財部鳥子本想邀請北島與會，但限於當時社會狀況，她同意我的建議，邀請詩人牛漢和邵燕祥。由於名額的限制，最終只有牛漢赴日參會，我清晰記得牛漢用牛皮紙信封郵寄來的個人材料，我有幸擔當了他個人資料的翻譯者。

牛漢在《談談我這個人，以及我的詩》基調演講中是這樣開頭的：「在這多災多難的人類世界上，我已經艱難地活了快七十三個年頭了。經歷過戰爭、流亡、饑餓，以及幾次的被囚禁，從事過種地、拉平板車、殺豬、宰牛等繁重的勞動。直到現在，心神都沒有真正輕鬆下來，衝出使我陷入其中的歷史陰影。幸虧世界上有神聖的詩，使我的命運才出現了生機，消解了心中的一些晦氣和塊壘。如果沒有碰到詩，或者說，詩沒有找尋到我，我多半早已被厄運吞沒，不在這個世界上了。詩在拯救我的同時，也找到了它自己的一個真身（詩至少有一千個自己）。於是，我與我的詩相依為命。」

他質樸動情的發言，感動眾多與會者，贏得高度好評。財部鳥子對我說，牛漢是一位值得尊敬的真詩人，請他參會是一件非常正確的事情。牛漢說起組委會發給他高額發言費用，很認真地說：給了那麼多錢呢。我笑答：您的發言比這值錢得多！前些年財部鳥子每次來京，都會拜訪牛漢。記得有一次約見地點在地安門附近，那天風大天冷，本以為他會乘車前來，沒有想到近八十歲高齡的牛漢竟騎著自行車前來，從東四環外的住所到地安門，一路上老人逆風而行！後來日本出版了精美的《牛漢詩集》，他把其中的一本樣書送給我，笑說日本語他看不懂。

《牛漢詩文集》座談會由首都師大孫曉婭和清華大學劉曉峰（我留學同學）主持，鄭敏、屠岸、灰娃、邵燕祥、洪子誠和臺灣學者呂正惠先後發言，其中邵燕祥動情地講述上世紀四十年代末他和牛漢相識相知的全過程。出席本次座談會人員大都是牛漢多年來的摯友親朋和詩界同仁，其中我熟悉和認識的有林莽、劉福春、食指、史保嘉、西川、韓曉蕙、韓作榮、任洪淵、商震、唐曉渡、童蔚、王夫剛、王光明、王家新、王中忱、瀟瀟、徐曉、藍野、鄒進等人。鄒進是我的中文系師兄，是當年吉林大學赤子心詩社七君子之一，在牛漢主持《中國》雜誌期間，他是其中的得力幹將。大學二年級時，我把油印詩稿經人轉交給鄒進，沒有想到的是，他在每首詩的旁邊都加以批註，提出自己的意見，其嚴肅態度令我深為感動，也受益匪淺。遠比徐敬亞、呂貴品輕描淡寫的意見更為中肯。此次《牛漢詩文集》能夠順利出版發行，鄒進也是推進和執行者的重要一員。

眾所周知，牛漢是因「胡風集團」第一個被捕的人。從一九五五年開始，他戴了二十五年「反革命」的帽子，沒有公民權，更沒有發表作品的權利。他這一輩子遭受太多的苦難：流亡、饑餓、受迫害、被捕、監禁、坐牢、受審判、勞動改造，什麼重活都幹過……是地地道道的「痛苦而豐富的人生」。他之所以沒有向苦難低頭，沒有潰退，沒有逃亡，沒有墮落，沒有投降，沒有背叛自己的良心，沒有背叛人文精神，沒有背叛詩，是因為更高尚的，超脫一切現實規範、一切利益計較的人文境界、人文精神值得他去追求和堅持。座談會上，恰巧我和胡風的女兒張曉風相鄰而坐，她清瘦的臉頰傳承著胡風的血脈，我不敢設想，如果換成我，在與滅頂之災抗衡時，骨頭是不是硬的，能不能始終堅持真理。在不斷妥協的過程中，是不是正不斷喪失詩人身份很多寶貴的品德。

牛漢始終不曾低下高貴的頭顱。他不僅汗血一生，骨頭始終比石頭堅硬。二〇〇〇年一月，詩刊社在北京玉泉路舉辦過一場聲勢浩大的新詩迎春會。在京和京外的近百位知名詩人悉數到場。會上，牛漢即席作了「感謝苦難」專題發言，他的剛直不阿、愛恨分明的人生態度，讓賀敬之如坐針氈，以至於原本沒有準備發言的他激動地走上講臺，質問牛漢所說的苦難是不是黨給的。我有幸參加了這次世紀詩會，見證了牛漢在下面厲聲反駁的情景，這個錚錚硬骨的高個子長者絲毫沒有退讓的餘地。當年牛漢榮獲全國詩歌創作獎，在頒獎大會上，恰巧趕上胡喬木頒發證書，他拒絕與胡握手。

晚宴上，人們向這位八十八歲德高望重的詩人送上生日的祝福。作為也是寫詩的晚輩，真心希望他健康長壽，在軟骨病橫行的當下，某種意義上說，他的存在就是真詩人的存在。

紮根在泥土中的番茄

張志民

當年出版《白沙島》詩歌合集時，我並沒有想到時任北京作協副主席的張志民會為兩個初出茅廬的青年人作序，他在《青春的詩，詩的青春》一文中，淋漓盡致地表達出長者對晚輩的鼓勵和期許。在我的認識裏，張志民是一位德高望重的現實主義詩人，他一直提倡向民歌汲取營養，吸收古典詩詞精華，他的詩語言凝煉，思想深刻，個性鮮明，雅俗共賞，是現代詩歌創作繼承與發展完美結合的典範人物。

一九八四年，程寶林剛剛出完自費詩集《雨季來臨》，又著了魔似地慫恿楊榴紅和我共出一本詩歌

▲張志民（中），後為艾青

合集，當時我和楊榴紅並不熟識，對她深厚的文化家境無從知曉。程寶林的詩集是請謝冕寫的序，他建議《白沙島》合集最好也能找到著名詩人寫序。我初到北京，與詩歌界全然沒有聯繫，楊榴紅默不作聲地說她試試。不久楊榴紅說，張志民已經答應寫序，很快我即看到一篇熱情洋溢的序言。張志民完全沒有居高臨下的語氣，而是以一個同道者的身份充滿激情地寫道：「讀著兩位年輕人的詩作，我自己，似乎也忽然年輕了！他們牽著我的手，不！彷彿是拍了拍我的肩頭，不是稱我『伯伯』，而是把我作為他們的同伴，拎過那來不及系好帶子的旅行包，說聲『走！咱們到白沙島去！』『走！』，已經花白的兩鬢，好像沒有提醒我年齡上的差異，一顆還不甘褪色的心，既沒有失去與他們作一次同遊的興致，也沒有拒絕他們的理由，我們欣然同往了！」我是在感動中讀完這篇序言的，他真摯跳動的文字，他平等平和的態度，與司空見慣的應景序文簡直是天壤之別。之後我給他寫信，向這位素昧平生的長者致意，他回信邀我一定來家中做客。

詩集歷經磨難後終於由北京出版社出版。之後按著張志民信中描述的地點，在一個仲夏的下午，我找到他在東四六條的家。那時他已經出任《詩刊》主編，但絲毫沒有權威的架子，還是專注地傾聽一個年輕人的激揚陳述。他寬容的胸懷令我終身難忘，他的夫人傅雅雯不時地起身往茶杯裏添水，然後和藹地坐在沙發的另一端。事後我才知道，她是一位資深的名編輯，而我卻口無遮攔地表達眾多自以為是的觀點。他們始終面露微笑，鼓勵我不要成為職業作家，而是要腳踏實地做好安身立命的本職工作。在大學時，我曾給時任中文系主任的公木寫信，表達想轉到中文系讀書的想法。公木通過經濟系輔導員找到我，說成為作家不需要當中文系的學生。我現在完全理解了兩位長者不同階段的忠告，始終堅守著自己的主業，生活大於詩，已經成為我永不動搖的選擇。

張志民十四歲就參加了八路軍，進入抗大四分校學習。曾歷任譯電員、文化教員、支部書記、軍分區宣傳及教育幹事、幹部、軍校隊長、教導員、華北軍區政治部文化部專業創作員。之後曾擔任群眾出版社副總編輯，《北京文藝》主編，北京作家協會副主席，《詩刊》主編等重要職務。著有詩集《死不著》、《家鄉的春天》、《夢的自白》、《大海‧蒼天‧人世》，小說集、劇本、散文集及文論集《婚事》、《考驗》、《一簍油》、《血緣》等。《祖國，我對你說》獲中國作家協會第一屆全國優秀新詩獎。他在一九四七年發表的描寫中國農民命運的著名長篇敍事詩《王九訴苦》和《死不著》引起廣泛反響，也成為他詩歌創作的代表作。張志民是一位勤奮的詩人，他後來的詩歌不乏優秀的詩篇，只是在膜拜現代主義的環境下，他的作品鮮有提及。他還是一個熱愛生活的詩人，總是以獨特的觀察力和概括力，從日常的生活細節中發現和抒寫不平常的事物，滿腔熱忱地展示一幅幅具有時代特徵的普通民眾的生動身影。他的詩充滿生活的情趣：「那時間——／她拿棍子趕著小夥子走，／背過臉，／罵著她家大丫頭：／哪有女娃招後生？／十七大八不知羞……／昨晚上——／她拿筷子戳著三閨女的頭，／囑咐著：抹抹嘴兒還不趕快走／省得他，／在咱家門口兒幹咳嗽……」這首詩象生活本身一樣樸實生動，表現了詩人選材、提煉、剪裁的工力，兩個小小的鏡頭組接在一起充滿日常生活的動感。

最後一次見到張志民，是一九八九年五月三日晚在北京國際飯店舉辦的紀念「五四」詩歌朗誦會上。那天他和艾青坐在一起，中間休息時我過去問候他，他拉著我的手讓我坐在他身旁，詢問了一些事情。海子三月在山海關臥軌自殺，這個消息令人扼腕惋惜，遠不像今天各種表演似的隆重紀念，大家對於寫詩的同類真摯表達著感傷與難過。大街上和廣場上雲集著眾多的人，當晚詩會結束後，我們各自消失於人海之中。前幾天偶然見到馬高明時，作為那場詩會的藝術總監，馬高明依然記得是他在朗誦者的名單中加上我和幾位青年詩人的名字。之後局勢驟變，治理整頓的時間裏，我選擇留學而匆匆離開熱愛的故土。

上世紀九十年代末，回到北京後我即聽說張志民因病去世的消息，那一刻我的眼前浮現出他樸素慈祥的面容。他的一生並非一帆風順，在政治鬥爭的年代裏，正直忠厚、擁有真誠人格的他即便低調處事，也難逃命運的作弄。在新詩潮洶湧澎湃的年代裏，面對種種非議，張志民一直保持著對詩歌探索的寬容，他說：一代人與一代人由於經歷不一樣，感情和審美情趣也會不一樣，我們要理解他們。如果沒有寬鬆的環境，就不會有詩歌的繁榮。他希望青年詩人要多讀點我們民族的東西，讀好詩經、楚辭、漢樂府、唐詩、宋詞、元曲，不能只看外國現代派的詩。關於現代詩問題，他打了個生動的比方：詩歌的新品種不是不可以移植，但必須在自己的土地上紮根，如同番茄一樣。

一晃他已仙逝多年，在所謂詩歌史的記述中把他定位於現實主義詩人，這或許恰如其分，但我卻始終銘記著他花白的頭髮和燦爛的笑容。他的質樸之心，他的本真之文，令我記住他是現世和他界的好詩人。

謝冕

在新的崛起面前

二〇〇八年一月在楊榴紅《來世》詩集的首發式上，滿頭銀髮的謝冕精神矍鑠地登臺致辭。在致辭前，他把攜帶來的背包放在講臺上，然後把手伸入其中。原以為他是尋找老花鏡或者發言提綱，最終他取出一本薄薄的詩集，這出乎在場人的意料。他手中那本詩集是1985年出版的《白沙島》詩歌合集，他說他在前一個晚上就找到這本詩集，並想把它帶來現場。這個舉動迅速感染了當事人，我的心頭一熱，以至於他下來讓楊榴

◀謝冕

紅和我重新在扉頁上簽名時，我竟拿倒了筆。那天謝冕、吳思敬、唐曉渡等人都談到新詩潮中朦朧詩和大學生詩歌之間的關係，精闢的觀點至少觸動我重新思考八十年代中期的詩歌關聯。楊榴紅的母親邵燚曾在《新觀察》雜誌擔任要職，她親歷過當年思想解放和詩歌變革的過程，對於一些詩人出席首發式卻坐在會場外閒聊的現象充滿迷惑，她惋惜地對我說，應該請坐在外邊喝茶的那些詩人進來好好聽聽這些智者的發言。我知道這是徒勞的美意，在當下的詩歌活動上，有多少人會認真傾聽和參與？反而更像是露臉的聚會，熱衷於喝茶、合影，然後重新回到自我。

和眾多的詩歌後來者一樣，最早聽到謝冕的名字，源於他1980年發表的《在新的崛起面前》。這是後來被稱為「三個崛起」的第一個「崛起」。據謝冕回憶，當年在廣西南寧召開了新詩研討會曾爆發一場關於後來被稱為「朦朧詩」的論戰，他是這場論戰的參與者。回到北京，應《光明日報》之邀，他便寫出影響整個詩壇的檄文，即《在新的崛起面前》，旗幟鮮明地為「朦朧詩」辯護。其實「朦朧詩」原是反對者帶有嘲諷意味的稱謂，謝冕總是習慣地把「朦朧詩」稱之為新詩潮。這篇只有三千字的文章發表之後，迅即受到了激烈的、不間斷的批判和圍攻。在「反自由化」和「反精神污染」的變態時期，甚至有人把這些本來屬於學術和藝術層面的論題，拔高到政治批判的高度上來。也就是從那時起，謝冕自覺不自覺地成為中國詩歌現代轉化的標誌性人物，他成為一面旗幟，同時也成為一個批判的靶子。在「受寵若驚」的時間裏，謝冕感受最深的是：「我不僅感到了世道的可怕，而且感到了中國的惰性。中國的文人順從成疾，便生髮出奴性來，這些人由奴隸而成為專制主義的衛道者，他們頑強地反對哪怕是給黑屋子開一扇可以透透空氣的窗子。一些習慣了『假、大、空』的人，甚至以『維護民族傳統』的名義、以反對『崇洋媚外』為藉口，拒絕詩的現代轉化。」

記得一九八六年前後，朱凌波和包臨軒曾經寫過一篇批評謝冕的文章《疲憊的追蹤》，其中斷言謝冕已經無法準確把握後朦朧詩時期中國詩歌的脈搏，擔當不起未來引領詩歌方向的大任。在《當代文藝思潮》雜誌發表之前，朱凌波來信談到這篇文章，並大談革命性的批判是詩歌理論進步的重要標誌。那時《深圳青年報》正醞釀現代主義詩歌流派大展，市面上已經洋溢著「反崇高」、「反意象」等先鋒性的提法，後來者開始輕率地否定新詩潮的經驗，心急火燎地高喊「pass北島！」革命性迫使有些人必須要滅掉先行者的背影，以便「替代」得更合情合理一些。

謝冕一定看過《疲憊的追蹤》，在回憶那個時期的思潮時，他曾說：「一些人不珍惜那來之不易的成果，他們正在肆意地揮霍前人用淚水、甚至是用血水換來的有限的創作自由。他們奢侈地濫用這些自由，不遺餘力地使詩歌鄙俗化。他們以輕蔑的態度嘲弄崇高，甚至有意地破壞詩歌與生俱來的審美性。他們抽空思想，殫精竭慮地玩弄技巧，使詩歌變成空洞的彩色氣球。他們不知道，當我們的身邊充斥著物欲的誘惑，當精神、思想的價值受到普遍的質疑時，詩歌是一種拯救。事實是，即使所有的人都不再堅守，詩人也要堅守到最後，原因很簡單，因為他是詩人，他的工作是人的靈魂。」

謝冕是一位相當性情的長者，在別人享受童年歡樂的時候，他便因文學而開始感受人生的憂患。當年他像一顆蒲公英的種子，被風從福建吹落在北大燕園，從此他的生活和學術就根植於這片特殊的土壞。從青年到中年，一直到現在鬢髮斑白，始終都沐浴在燕園的自由空氣和民主精神之中。他的學術成就不單單是一篇《在新的崛起面前》，在象徵著科學和民主精神的校園裏，他的成就也不僅僅是文學批評和文學史研究本身。時代曾給予他們那一代人特殊的際遇和使命，或許痛苦多於歡愉，但在與習慣思維和因襲勢力的勇敢抗爭中，謝冕的身上無疑具有豐富的歷史預見和超前的思想銳氣。正因為具有豐博的學識、閃光的才智和莊嚴無畏的獨立思想，當年挺身而出的是他！而由於有著耿介不阿的人格操守以及勇銳的抗爭精神，即便遭遇天大的逆境，這個樂觀的老頭兒始終都沒有妥協過。

當年仰望於謝冕的詩歌思想，我卻沒有拜訪過同城的先生，即便有人約好同行，最後也被我婉拒。我一直怕見光彩四射的人。一九九八年回國後，受劉福春之托，我曾為《詩探索》編委會找過一個會議室。那天見到謝冕，他端詳我後竟然說：「你比留學前瘦了。」這讓我詫異，上世紀八十年代只是在公眾場合匆匆見過他，沒有想到他仍然記得，不由得令我感到這世界記憶力超群的不只是我。這樣說似乎有些大言不慚，可這是我那天心底最真切的感受。後來數次見到謝冕，他永遠是達觀的，不僅自己快樂，周圍的人都會因為他而變得快樂。前些年他已經退休，但並未停止忙碌。一個七十多歲長者的健康，除了始終堅持身體鍛煉，進行慢跑、冷水浴之外，可能還取決於他對詩歌的熱愛。

我在查幹湖看到一張冬捕的照片，他穿著一件軍大衣站在數九寒天的冰雪裏，興致勃勃地抱著頭網捕獲的大魚，欣喜讓他綻放出孩子般燦爛的笑容。他最得意的事情是：以七十多歲之高齡，曾在大風雨中登上黃山的蓮花峰絕頂，曾在暴風雨中步行八千級石階直逼梵淨山金頂！我猜想，他內心深處一定也會有不快樂的憂慮，比如對近年來人文精神的失落、價值觀的解體，以及理想精神的淡漠。

食指

相信未來

我曾讀到質疑食指詩歌成就的文章，說他是林莽等人「創造了足夠的細節，感人的點滴，煽情的光影，讓詩人本身的病痛，在敘述中昇華成具有象徵性意義的苦難。」同時引用程光煒的觀點：林莽在製作《食指生平年表》時，即意識到了發掘對於一個詩人如何走進公共空間的重要性。而將一個詩人的個人苦難列為年表的重點，容易刺激起大眾文化背景中讀者的好奇心和窺私癖。這篇文章的作者還說：「這幾個表面上替詩史補遺或翻案的傢伙，首要目的在弒神——削減北島、今天派、朦朧詩在

◀食指

當代詩歌史上開天闢地的成就，另推郭路生為『文革中新詩歌第一人』、或為『第一個吃螃蟹的人』，後來升級到『新詩潮詩歌第一人』」。

對食指的《相信未來》，這篇文章的作者說：「郭路生在此表現得疲軟無力，像個困頓、懦弱的窮書生，唯一想做和敢做的，是呼籲大家『相信未來』。在紅衛兵運動鬧得翻天覆地的時候，大夥兒根本不敢設想未來，『未來』是一個令人心痛和絕望的字眼。出生在革命家庭的少年郭路生，被無數忠君愛黨的偽詩歌和宣傳單洗腦了十幾年的郭路生，竟天真的相信會有這麼一天。他的鼓勵是真誠的，『孩子的筆體』也是純真的，因此才令人感到悲哀。詩的最後一段，完成意象性相當豐富的呼籲之後，也許怕讀者看不懂，他再用郭小川式（經典的頌歌和戰歌綜合體）的語調來收尾：『朋友，堅定地相信未來吧，／相信不屈不撓的努力，／相信戰勝死亡的年青，／相信未來，熱愛生命。』沒有比這種呼籲更保守、更消極、更軟弱的了。從思想深度來評斷，它不配為經典。」

食指的《相信未來》是不是經典，在不斷製造經典的中國詩歌喜劇舞臺上並不重要，我只知道在烏雲密佈的時代裏，食指的詩是誕生於心靈的一束光，當年無法在報刊上公開發表，卻依靠人心手抄流傳天下的詩歌。我也知道食指的詩是黑暗時代第一次把情感定位轉向自己、轉向內心的失落狀態、轉向真實經驗的詩歌，從而使一代人通過食指的詩，得到了經驗與情感的自我認定。北島等朦朧詩代表人物對食指的敬重是眾所周知的，按照這篇文章作者的邏輯，似乎食指不應該復活，他在歷史的塵埃中繼續被埋沒像是天經地義的事情。

食指的意義已經不需要我來評說，之所以談起這個無聊的話題，是覺得中國詩歌界永遠缺乏開闊的胸襟和公允的態度，總有人躲在暗處作祟。即便有人否定食指的詩歌貢獻，甚至否定他詩人的身份，都無法改變他作為中國詩歌覺醒者的歷史地位。

戈小麗（翻譯家戈寶權的女兒）曾說食指在鄉下給那些知青念《這是四點零八分的北京》的時候，把他們念哭了。這是一首至今仍能讓人落淚的詩篇，「這是四點零八分的北京，／一片手的海洋翻動；／這是四點零八分的北京，／一聲雄偉的汽笛長鳴。／／北京車站高大的建築，／突然一陣劇烈的抖動。／我雙眼吃驚地望著窗外，／不知發生了什麼事情。／／我的心驟然一陣疼痛，一定是／媽媽綴扣子的針線穿透了心胸。／這時，我的心變成了一隻風箏，／風箏的線繩就在媽媽手中。／／線繩繃得太緊了，就要扯斷了，／我不得不把頭探出車廂的窗櫺。／直到這時，直到這時候，／我才明白發生了什麼事情。／／一陣陣告別的聲浪，／就要卷走車站；／北京在我的腳下，／已經緩緩地移動。／／我再次向北京揮動手臂，／想一把抓住他的衣領，／然後對她大聲地叫喊：／永遠記著我，媽媽啊，北京！／／終於抓住了什麼東西，／管他是誰的手，不能松，／因為這是我的北京，／這是我的最後的北京。」在談及當年創作這首詩的經過時，食指回憶道：「送別人走的時候我也寫詩，寫完後就覺得不是自己要走的那種感覺。到我自己走的時候，我又寫了一首，是在火車上寫的。火車開動以後，跟一些朋友聊了聊天，到夜裏我就找了一個很靜的地方開始寫詩。寫的時候我就感覺到母親綴衣扣的針線。我開始想了很多，寫了很多。火車開動的時候不是有那麼「哢嚓」一下嗎？就是那一下，一下子把我抓住了。」

第一次見到食指是我留學回國以後的事情，那是一九九八年六月在郭沫若故居舉辦的詩歌朗誦會上，他在夜色中朗誦自己的詩歌，我被他充滿感染力的聲音所震撼，它不同於一般性的朗誦，沒有任何雕琢和表演的痕跡，完全是來自於詩人心底的聲音。從他專注的目光裏，我無法想像他生命中遭遇的苦難和精神病院的折磨。他舉止清雅，不孤傲不造作，每次聽他的朗誦都是一次洗禮，而他記憶力之好超出我的想像。在瀋陽工作期間，我曾邀請他、芒克、舒婷、林莽等人前來參加「理想詩會」，他在登臺接受採訪時說過刻骨銘心的話：中國人不能只長皮肉，更要長筋骨！

現在，他和寒樂安居於北清路上莊的居所，終於在跌宕起伏的人生中不再需要警惕和饑餓。二〇〇八年一月，我曾到上莊接他進城，那天他興致極高，一路上介紹他享受生活的喜悅，客廳、陽臺、書房擺放著茂盛的綠色植物，春天還在小區附近開墾一片「自留地」，種植自己喜愛的植物。食指特別提到一片小樹林，每到天氣好的時候，他總會獨自到那裏度過安靜的時間，帶著紙和筆，以及水杯，聽著喜鵲的歡叫，在樹陰下寫作，是食指最快樂的事情。他還介紹上莊路曾是明朝以前通往張家口的古道，再往北一點兒，就能看見當年氣勢雄偉的古寺。我知道他抽煙凶，怕他拘束便把車窗搖下來，從上莊到紅廟，他幾乎沒有停止抽煙，不過他已經改抽薄荷味香煙，尼古丁含量相對較輕，應該不會損害他的健康。

現在，食指的頭髮幾乎全白了，但他的心永遠年輕於詩意的時間裏，他不斷寫出自己的詩，不斷在欲海橫流的現世裏創造珍貴的詩意。

北島

高尚是高尚者的墓誌銘

對於我們這代人來說，北島的名字無疑具有相當重要的意義，他是我們詩歌精神的啟蒙。正像二〇〇四年郭力家在長春見到北島時所表達的那樣：你就是北島！我恨死你了！如果當年不去追尋你的足跡，我怎麼落得今天這般地步！

北島是目前中國詩人中惟一獲得諾貝爾文學獎提名的人，儘管時間和空間變換，但他在中國詩壇的影響力，恐怕還無人出自他的左右。他的充滿激憤唾棄和理想追尋的響亮詩句——「卑鄙是卑鄙者的通行證，高尚是高尚者的墓誌銘」和另一位朦朧詩代表詩

▲北島和家人

人顧城的「黑夜給了我黑色的眼睛／我卻用它來尋找光明」始終是傳誦最廣、影響最大的新詩名句。特別是北島豐富準確的意向，尖銳深刻的思想，複雜多變的技巧，以及在重視意境和諧的同時經常有令人嘆服的警句出現的獨特風格，一直讓我感到他的高不可攀。當年我們高喊「pass北島」，無非是想超越北島，而事實上北島仍舊是北島，儘管他離開故土多年。而這些年盛產出眾多的民刊，仍舊覆蓋不了當年的《今天》。

被同代人稱作「老木頭」的北島，自一九八八年起，已經在海外漂泊了近二十年。二〇〇二年底的一個晚上，李占剛和我在上海見到闊別祖國多年的北島，他清瘦的面容充滿另外的滄桑，而我有著莫名的激動和辛酸。後來嚴力也至，一晚上品酒閒談，或許那是他在國內期間相對放鬆的時間。席間北島想在臨走前宴請一些詩人前輩，時間定為元旦之後，地點定在我當時任職公司所屬的「湘君府」餐廳。北京的那個夜晚，北島請來他始終敬重的前輩詩人。在《青燈》散文集中的《遠行》一文中，北島深情地回憶已故詩人蔡其矯和其交往的舊事，特別記載了在北京「湘君府」裏歡聚的場面：「臨走前，我借朋友的美意，在其屬下一家名叫『湘君府』的湖南餐廳，宴請牛漢、謝冕、邵燕祥、吳思敬和蔡其矯，由幾位同輩詩人作陪。所謂總統套間金碧輝煌，那華麗的裝飾和閃光燈讓人分神。蔡老坐在我的對面，話不多，專注於精美的頭盤——涼拌龍蝦。我勸他多吃，最好連龍蝦頭也由他包了，在座的文學所的劉福春跟我抱怨說，他每次陪蔡老騎車，蔡老總是逆行，直衝著員警騎過去，他只好推著自行車跟在後面跑。」那個夜晚是美好的，詩人們相當放鬆，話題五湖四海，無拘無束，無間無隙，時間雖然很晚，似乎大家都不肯結束。

最後一次見北島，是在李陀家附近的咖啡館裏，閒聊時我曾談及進入圖書出版領域的打算，他一直微笑傾聽。當晚他趕赴機場離開北京，以為不久還能再見，他卻始終無法回來，似乎有些路遠得無法逾越。「我們終將迷失在大霧中／互相呼喚／在不同的地點／成為無用的路標」。出版五期《投資銀行家》雜誌之後，我放棄了出版計畫，並不是理想總有回聲，混亂無序的出版市場讓我知難而退。對北島，以及有幸多次見到的食指、芒克、林莽等詩歌兄長，我始終心存感動和敬重。在當時，他們是我們的引領者，讓我們患上熱愛詩歌的怪病，而這種病一旦染上，終生無法治癒。有時真想生活在久遠的年代，哪怕是民國時期，戰亂紛爭，卻可以戰死疆場，痛快的生與死，遠比現在不溫不火的生活更有意思。精神已經蒼白，財富的搏弈中，名利雙收似乎已成為衡量成功的惟一尺度。

在一次聚會上，有人以不屑的口吻低聲說「北島不是詩人」，指責「卑鄙是卑鄙者的通行證／高尚是高尚者的墓誌銘」等經典詩句並不是詩，充其量算是哲理。在場的人無人搭話，大家的表情突現驚詫，我旋即離開，不想讓無知者的新銳觀點污染自己的耳朵。中國詩界的革命傳統，造就了相當數量的偽精英，對西方思想和詩歌的淺閱讀，根本無視先行者的成就。好在新詩從五四時期開始已經成為公認的源頭，否則有人可能會大言不慚地宣稱新詩從他開始。不久前我曾看到一則新聞，安徽某市一位土地局長詩人被一家機構推為諾貝爾文學獎的候選人。這帶來久違的欣喜，按照這樣的推理，我們至少都可以做一分鐘大師！

北島最終落戶香港，那裏粵語橫行，但畢竟能釋放「對著鏡子說中文」的孤獨。我在書店買來他新近出版的散文集《青燈》，之前他曾送我在臺灣出版的散文集《午夜之門》，其中的散文連貫地展示了他的藝術手法，即拿捏得恰到好處的克制、從容、簡潔、堅定和冷靜，在似乎可以肆意發揮之處，戛然而止，又極其精確。尤其是他絕妙的白描手法，令我感歎其渾然天成的深厚功底。我一直在想，絕少有人會真正進入北島的內心世界，很難體會這個從青年時期開始，靈魂即成為大地異鄉者的行者。他是不是詩人，是不是作家，並不是臺面上某些曇花一現的人，或者某些宦官界定的，他足以讓許多人棄筆從俗，也會讓有的人羞愧終生。

林莽

我流過這片土地

林莽是一個底蘊深厚、寬容善良、值得信賴的詩人。一九六九年他赴河北水鄉白洋澱插隊即開始詩歌創作，或許是為紀念那段刻骨的生活，一九九四年他把個人詩集命名為《我流過這片土地》。在這本詩集中，林莽詳細敍述了當時的情景：「白洋澱有一批與我相同命運的抗爭者，他們都是自己來到這個地方。他們年輕，他們還沒有被生活和命運所壓垮，還沒有熄滅最後的願望。他們相互刺激，相互啟發，形成了一個小小的文化氛圍。一批活躍在

◀林莽

當代文壇上的作家、詩人都曾與白洋澱有過密切的聯繫。那兒交通不便，但朋友們的相互交往卻是經常的。在蜿蜒曲折的大堤上，在堆滿柴草的院落中，在煤油燈昏黃的光影裏，大家傾心相予。也就是那時，我接觸了現代主義文化藝術思潮。」林莽所說的這群人，就是今天被詩歌界熟知的「白洋澱詩歌群落」。

林莽是「白洋澱詩歌群落」的主要成員。當年白洋澱曾是一大批詩歌創作者的集聚地，這些人多是來自上山下鄉運動的知識青年，如芒克、多多、根子、林莽等人，也有一些前來白洋澱遊歷、訪友和交流思想的同齡者，如北島、江河、嚴力、甘鐵生、陳凱歌等人。在白洋澱出身的詩人中間，林莽的詩在癲狂的年代裏始終表現出獨有的安靜，是內心獨白的心靈詩篇，其中不缺乏印證時代或超越時代的詩歌精神。「心靈的閃光來自對什麼的渴求／湖泊在黃昏的餘輝中／是有一種欲望來自沉鬱的歲月／一封信、一首歌、一個無言的請求／／當我走過那些河岸和落葉堆積的小徑／被一個無法實現的允諾纏繞了許多年／／那影子已化為低垂頭頸的天鵝／有時我夢見／在一片遙遠的草灘上／那只神秘的大鳥正迎風而舞」。

在經歷了六年的插隊生活後，林莽於一九七五年返回北京，先後寫出《我流過這片土地》、《海明威，我的海明威》、《圓明園‧秋雨》、《盲人》等一系列作品。一九七九年，他參加了「今天文學研究會」的活動。進入上世紀八十年代之後，林莽塵封的詩作陸續公開發表。從中華文學基金會到詩刊社，他始終一貫地保持著熱心、親和、乾淨的低調態度，不與人爭，遠離功利，在保護和整理詩歌遺產的過程中發揮著鮮為人知的重要作用，同時對推動中國詩歌的發展無私地奉獻著自己的心血。

二〇〇五年的晚夏，我隨林莽、劉福春等人陪韓國學者一起去了白洋澱，在蜿蜒的河道裏，體驗前輩們的詩歌精神，有著一種源自內心的敬重。在當年插隊的小島上，我們見到芒克當年的鄰居，從當地人充滿感情的語調裏，我領略了前輩們在鄉親心中的位置，更深切地體會到在一九七〇年代初期他們業已開始的現代主義詩歌的價值。當晚，在荷花簇擁的燒烤爐前，林莽談起十年前曾和牛漢、吳思敬以及芒克、宋海泉、甘鐵生、史保嘉、仲維光、白青、劉福春、陳超、張洪波等人的尋訪活動，就是在那次尋訪中，牛漢力倡以「白洋澱詩歌群落」這個富於詩意的名字，替代先前「白洋澱詩派」的提法，使得白洋澱詩歌活動有了準確的定義。

在我的印象裏，林莽一直照應食指，特別是前些年凡是有機會在公眾場合見面，林莽和食指幾乎總是同來同去。在關在福利院的最初時間裏，食指幾乎被人遺忘，林莽是始終關心和幫助食指的詩人之一，特別是《詩探索金庫・食指卷》的出版，林莽所做的工作是其他人無法替代的。他用了兩年多的時間訪問食指的親友，整理出《食指生平年表》和《食指詩歌創作目錄》，並寫出《食指論》。謝冕、吳思敬和林莽等《詩探索》的前輩們「將食指浮出水面」的努力，使得我們今天能夠真切地聽清食指激情的朗誦，和他傳統與現代交融的詩篇。林莽相當內斂，平等待人，但他不動聲色的態度透露著行事的準則，順著他的目光望去，我們會明白詩歌的許多事情。

上世紀九十年代，林莽離開中華文學基金會，主持《詩刊》下半月刊，大力扶持、培養年輕的實力詩人，在全國範圍內打造「春天送你一首詩」的品牌活動，使《詩刊》煥發出青春的朝氣。林莽被詩界相當多的人稱為老師，這和近年來他一直從事的職業有關。他鼓勵後來者不斷地進步，對他們的成長傾注自己滿腔的熱情。為了詩歌刊物的存在和發展，他以不務虛的態度，啟動自己策劃的神經，創出一些品牌，無愧於他所擔當的工作。他還擁有良好的口碑。張洪波曾說：「多年來，林莽默默地為中國詩歌特別是有關『白洋澱詩歌群落』、有關『朦朧詩』等做了許多工作，有些工作甚至是少有人知的。在這期間，他從沒有張揚過自己，不像有些人，為了炫耀自己而不遺餘力。我曾認為，林莽是一個因為種種原因被湮沒了的人，我常常能感覺到，一件事（甚至是他一手操辦的事）做下來，當大家回頭再一次梳理的時候，他總會微笑著躲在人們的後面，他幾乎是一個需要鉤沉的人；而林莽又是一本厚書，是一本越讀越有味道的厚書。」我認同這樣的說法，多年前與林莽相識後，我始終把他看作是詩歌的兄長。他的情懷是當下中國詩歌界所缺乏的，傳承似乎是他天然的責任，他的存在是中國詩歌的一件幸事。

二〇〇九年初在北京朝陽文化館舉辦「紀念詩歌創作四十年——林莽詩畫展」。過去我只知道林莽畫過油畫，曾見過的幾幅他離開白洋澱之前創作的畫。現在，林莽重新拾起畫筆，創作出一批風格獨特的國畫。其實他在進行新詩創作的同時，一直對其他藝術門類抱有濃厚的興趣，探索詩與畫的融合。他認為，藝術是有意味的形式，繪畫比詩歌更明確地體現著這一美學命題。詩情畫意，自古就是在人們的審美中聯繫在一起的，因為無論詩歌還是繪畫，都是源於心靈潛在的情感和生命本質的表達。

近年，林莽開始擔任《詩探索》作品卷主編的工作，我有幸成為編輯委員會中的一員，深知他對中國詩歌健康發展所做的無私奉獻。他在混亂的現狀中猶如一盞閃爍的蠟燭，微弱的光不時被吹得搖曳，但從來都不曾熄滅，在黑暗中總給我們帶來光亮。

徐敬亞

不原諒歷史

非典肆虐的二〇〇三年晚春，我的左腦也隱約地疼痛起來，曾一度猜想可能得了腦瘤之類的不治之症。自參加革命工作後，一直馬不停蹄地奔波於生命的旅途上，似乎沒有任何停歇。在去上海參加公司管理會議的飛機上，我偶然從耳機裏聽到久違的傷感音樂，人生不能重複下去，瞬間我就下了遲疑許久的辭職決心。離開投資銀行繁忙的工作後，我隨朱凌波返回哈爾濱，與專程去漠河觀賞北極光的徐敬亞匯合。之後我們乘著當地朋友的越野車，躲過公路上的非典檢查哨所，前往牡丹江。

▲徐敬亞（左一）和呂貴品、宋詞、王小妮、李勇、張鋒、蘇歷銘

臨近牡丹江時，天已黑了下來，徐敬亞站在曠野上孤單地抽煙，這個老牌的閑雲野鶴凝視遠方的瞬間，讓我想起二十年前的同一個季節。一九八三年，他發表在《當代文藝思潮》上的《崛起的詩群》，引發了中國文壇的一場地震，文化界迅即展開批判資產階級自由化的浪潮，在徐敬亞所在的長春更是翻起波瀾。當時我是在校的學生，算作一九八〇年代學院詩歌在東北的踐行者。吉林省作家協會為了肅清流毒，特別邀請李夢、黃雲鶴、包臨軒和我，以及其他在校的詩歌作者參加了專題批判會議。一些我不知道名字的詩人慷慨激昂，提到政治的高度，對徐敬亞進行批判。當中也有惋惜的表態，對長春出了徐敬亞表示遺憾和無可奈何。回到校園，包臨軒和我聯名給徐敬亞寫了「你堅定地往前走吧！在你的身後聚集著屬於未來的我們」的短信，表達我們聲援的心聲和期待未來的熱望。

當時徐敬亞在一家民俗雜誌《參花》當差。不久我和包臨軒去看他，他似乎還很鎮靜，穿著牛仔褲臉色凝重地面壁無語。多年之後，徐敬亞道出當年的原委：「北京的批判很隆重，由馮牧主持。說得很嚇人，說是道路之爭，旗幟之爭。後來，我還收到過一封公開信，現在看，這應該是一個特殊時代的特殊待遇。一個人不太容易收到公開信啊。題目是《給徐敬亞的公開信》，老牌評論家程代熙先生寫道：『其實你這篇文章又何嘗不是一篇宣言呢？一篇資產階級現代派的詩歌宣言，如果恕我直言，這是一篇資產階級自由化思想的宣言書。我並不想給你扣帽子，形象一點，就是對你大喝一聲，在你背後猛擊一掌，使你能恍然醒悟過來，你的文章在有些地方的確已經相當出格』。這封公開信表面上說得輕鬆，實際上句句兇狠。不久，長春、蘭州、重慶等地也召開了很多批判會議。隨後，對『三個崛起』乃至朦朧詩的聲討開始了。據《朦朧詩論爭集》的不完全統計，當年，批評《崛起的詩群》的文章達數百篇，總字數應該有幾百萬。」

一九八四年三月，徐敬亞在《人民日報》、《光明日報》上發表了《時刻牢記社會主義的文藝方向》檢討文章，承認自己「受當時氾濫的資產階級自由化思想的影響很深，使這種探索和評價偏離了正確的方向，在一系列原則問題上出現了重大的失誤和錯誤」。最初只是過關使用的文字，在他毫不知情的情況下，被大報刊載，然後在《人民文學》、《詩刊》、《文藝報》、《光明日報》、《文學評論》等多家報刊轉載。對於這段歷史，徐敬亞是這樣交待的：「後來事情越來越嚴重。中宣部派了一個小組到吉林調查我。帶隊的是中宣部處長馬畏安。省文化廳的領導很神秘地告訴我，省裏有事情找你。我進了省委一號別墅，一個人走過來，就是馬畏安。他詳細地問了我一些情況，比如哪里人啊，什麼時候畢業，文章怎樣寫出來之類，我都一一作了回答。後來，中宣部在內部用紅頭文件的形式，把我的情況發向了全國。當時複印技術剛剛出現，有一個廣東同學把檔案的複印件寄給了我。我一看傻了：最後一句話是這樣寫的，『據說，徐敬亞患了精神分裂症』。那一刻我真的精神分裂啦！這算什麼？當時形勢非常古怪，吉林省的詩歌形勢忽然異常嚴峻，著名詩人曲有源，被直接抓進了監獄，關起來了，還說要判刑。據說吉林省下一批勞改的人將會到新疆，王小妮一聽，馬上就開始給我織毛衣。我當時只是覺得來頭大，氣勢兇猛。後來才知道此事一直是胡喬木坐鎮指揮。在上報材料中，胡喬木在我的名字後面批示了一句話：『背離社會主義文藝方向』。後來，這句話成為批判我的主題語，一切文章都按這個調子進行。說明白了，就是反社會主義啊，文革中有『三反分子』，反黨、反社會主義、反毛澤東思想，其實我已經成為了『三反分子』了。所以當時無論怎樣處理我都不過分。王蒙還提了一個細節，就是胡喬木拿筆把『徐敬亞同志』後面的『同志』兩個字勾掉了。所以吉林省要抓人了，因為已經不是同志了，變成敵我矛盾，弄得非常嚴重。當時我們單位搞了一次『時事測驗』，出的卻是關於我的題目。比如，《崛起的詩群》作者是誰？發表在什麼地方？主要反動觀點是什麼？他們還讓我填，這個我能填嗎？當然拒絕。」對於徐敬亞的妥協，當時包括北島在內的一些詩人並不理解，而徐敬亞直到現在，仍把此事作為他的一種恥辱。時空倒置，現在我只關心他領了不菲的稿費後，究竟花在了什麼地方。

徐敬亞是可愛的老頑童，他的率真和狂野在年齡漸長的臉上，已經相當的收斂。移居深圳之後，他夥同呂貴品等人利用《深圳青年報》，策劃和鼓動了極具顛覆意義的「八六」中國現代主義詩歌群體大展」，瞬間在中國大地集合和催生了近七十個流派的現代詩群體。「大展」是中國新詩出現以來，第一次如此集中地把青年詩人集合在現代主義旗幟下的壯舉，也是上個世紀末中國詩壇最有價值的活動盛事，它標誌著中國詩歌進入一個多元化的階段。徐敬亞是建設者，也是破壞者，在上世紀八十年代兩次重大詩歌演變的進程中，他的作用和影響力遠遠超出詩歌本身的意義。當年，徐敬亞下鄉返城之後，在考入吉林大學之前，曾在一家豆腐廠當過鍋爐工，他對火候的把握似乎早已爐火純青。

徐敬亞的智慧不完全在詩歌上，他的策劃天賦和煽動能力，在中國房地產業的圈地運動中讓他也有不菲的收穫。但他註定不會成為財富人物，因為詩歌已是他一生最顯赫的資產。王小妮在《徐敬亞睡了》一詩中，是這樣描述他的：「狂風四起的下午／棕櫚拔著長髮發怒／我到處奔跑關窗關門／天總是不情願徹底垂下來。／徐真的睡了／瘋子們濕淋淋撞門／找不到和他較力的對手。」

當年在吉林大學的一九七七級中文系，徐敬亞、呂貴品、王小妮、劉曉波、鄒進、白光、蘭亞明組成赤子心詩社，在當年朦朧詩潮和大學生詩歌運動中具有深遠的影響。王小妮是始終常青的巾幗寫手，在女性詩人的群體中出類拔萃，與眾不同，二十年來的詩和文，不斷地超越自己，在各種獲獎的名單裏不經意總能發現她的名字。「啊，迎面是刺眼的窗子／兩邊是反光的牆壁／陽光，我／我和陽光站在一起」，「我不知道還有什麼存在／只有我，靠著陽光／站了十秒鐘／十秒，有時會長於一個世紀的四分之一」。徐敬亞對王小妮的詩和散文不分場合地推崇和讚美，絲毫沒有受到夫妻的約束，在眾多場合下，他總是心悅誠服或者說是心滿意足地讚美王小妮。記得芒克五十歲生日時，「年輕的布爾什維克」劉波在天倫王朝飯店裏舉行了小規模的酒會。徐敬亞盡興暢飲，席間他已醉意呈現，在談到當今優秀女詩人時，徐敬亞高聲提問：知道是誰嗎？旁邊的一個女服務生經過他一晚上的薰陶，尖聲回答：王小妮！徐敬亞一臉的喜悅：我靠，天下人都知道呀！

現在，徐敬亞已是體面的大學教授，在椰林之間鳥語花香的海島上，以「不原諒歷史」開設新浪博客，並煞有介事地把百元人民幣的頭像換上自己梳著平頭的腦袋。知識份子的歷史使命之一就是質疑和批評現實，徐敬亞的質疑是一貫的：「人類不是越來越精緻，而是越來越盲從、越來越盲目。人們的眼睛千篇一律，只是因為太多同樣的物質阻擋了他們空靈的視野。以思想拆解光榮，正如以民心巴結權貴。把鋼釺深深地刺入紀念碑，正是為了尋找那一塊塊鬆動的石頭。遺憾雖然醜陋襤褸，它卻正是一切美麗者暗中的棄嬰。我在白雲中搜索淚水，正是為了追趕那正在一步步隱匿著的被告。如果耶穌視察世界，他會站在山上指著腳下一片人煙，對人們說：我們必須日日悔過，我們才能時時自新於未來。」

舒婷

多麼驕傲我的心

在吉林大學讀書時，朦朧詩潮正席捲中國詩壇，以至於我這個經濟系的學生鬼使神差地愛上詩歌。在朦朧詩潮的代表人物中，舒婷顯然與眾不同，她的詩歌之抒情、唯美、溫馨、理想等特點，更容易引起廣大革命青年的由衷喜愛。那時不少同學都把她的《致橡樹》抄在本子上，作為青春期最好的精神禮物送給別人，或者送給自己。「我如果愛你——／絕不像攀援的凌霄花／借你的高枝炫耀自己；／我如果愛你——／絕不學癡情的鳥兒／為綠蔭重複單調的歌曲；／也不止像泉源／長年送來清涼的慰藉；／也不止像

▲舒婷和陳仲義

險峰／增加你的高度，襯托你的威儀，／甚至日光。／甚至春雨。／不，這些都還不夠！／我必須是你近旁的一株木棉，／作為樹的形象和你站在一起。」

那時舒婷的《雙桅船》剛剛問世，書店裏因脫銷而無法買到，圖書館僅存的幾本又被大家提前排隊預訂，為此，我曾動過借出不還的邪念。在思想解放的時代裏，舒婷的詩恰恰與北島、芒克、顧城、江河等人成為互補，輕而易舉在尋求方向的人群中產生巨大的共鳴。舒婷字字珠璣般的詩篇，惹得眾多革命男青年特別想知道她的容顏，在互聯網還未出現的年代裏，我們只好從瑰麗的文字中把她想像成絕世的仙女。好多人混淆「舒」和「蘇」的差異，經常衝著我說：「你姐的詩真絕！」

舒婷深居於鼓浪嶼，但她的詩歌卻從這個小島一直深遠地影響著祖國的大江南北，現在連小學生都會從教科書上知道她的名字。「我是你簇新的理想／剛從神話的蛛網裏掙脫／我是你雪被下古蓮的胚芽／我是你掛著眼淚的笑窩／我是新刷出的雪白的起跑線／是緋紅的黎明／正在噴薄／——祖國啊」。當年，《祖國啊，我親愛的祖國》一經發表，即成為社會各界熱捧的經典，這首詩終結了既往對祖國熱愛的蒼白表達形式，從「小我」出發，讓所有人耳目一新。舒婷以其清新的魅力語言，恰到好處地表達出對祖國，或者說對未來希望的無限憧憬，以至於眾多革命青年把她的詩印在心靈的深處，在百廢待興的特殊時期，滿懷理想主義情愫投入到改革開放的偉業之中。

第一次見到舒婷時，發現她在公眾場合萬分謹慎的特點，我便請王小妮把她拉進會議室，然後比較鄭重其事地和她合影留念。她懷疑我的年齡，問我是否故意把出生年份後移才得以參加青春的聚會，我恨不得掏出身份證讓其驗明正身。在深圳大學詩歌朗誦會結束後，我們和舒婷同乘一輛麵包車離開會場，很多大學生蜂擁而上，請舒婷為他們簽名，場面近乎於當紅明星出場。那一瞬間，我切實感受到在欲海橫流的現實裏詩歌的存在，舒婷使詩歌接近平凡生活，又在生活中充滿理想。

二〇〇七年在瀋陽舉辦「理想詩會」前，林雪恰好去廈門，她見到舒婷後火急地給我打來電話，說舒婷尚未看到邀請函。我把電話打到鼓浪嶼，當得到舒婷肯定前來的答復後，才把詩會的海報懸掛於瀋陽各個大學裏。在電話裏，舒婷明確表示不接受採訪，不登臺朗誦，我一口答應，但現場上還是把她請到臺上，她熱情的即興發言，博得場上四百多人熱烈的掌聲。然後她的背後排起長隊，紛紛向她索請簽名，一直到詩會散場，還被圍追堵截。舒婷自始至終笑吟吟地低頭簽名，想必手早已酸掉。這和文娛和體育領域的追星有所不同，它不是一種時尚的行為，是因為心靈的感動才讓詩人如此榮耀。

對於舒婷的詩，已經有數不清的評論文章從不同角度進行過深刻的評價，我若在此信口開河，必有畫蛇添足的嫌疑。在朦朧詩整體亮相的啟蒙年代，舒婷與其他代表性人物有著明顯的差異，她早期的作品從感覺上的聯想創造獨特的時空體驗，那充滿「旋律」的聲音，一直能抵達讀者心靈最柔軟的地方。每一首詩都貫穿著各種主觀性的象徵手法，意象之間的完美組合使主體感覺充滿瑰麗的變化，通感的運用又讓她的詩富於多層次的含義，準確表現出心靈中獨特的自我色彩。

其實舒婷的愛情詩，除去表現愛情哲學的《致橡樹》之外，對理想愛情的憧憬也一樣感人至深。特別是她的《無題》，其營造出的清麗細膩之意境被我始終記得：「我探出陽臺，目送／你走過繁華密枝的小路。／等等！你要去很遠嗎？／我匆匆跑下，在你面前停住。／「你怕嗎？」／我默默轉動你胸前的鈕扣。／是的，我怕。／但我不告訴你為什麼。」舒婷在詩歌中塑造出美麗溫柔又甘心付出和堅強奉獻的女性形象，曾讓無數人熱意神往，而舒婷在現實生活中是否兌現她的描述，怕是只有在陳仲義那裏才能悄悄得到驗證。

舒婷一直居住在風光旖旎的廈門鼓浪嶼上，在鋼琴的伴奏聲中，她在中華路的居所裏享受天海合一的安靜生活。鼓浪嶼不允許機動車通過，不時地彌漫小島的琴聲，隱藏於綠蔭中的小路，以及一簇簇四季不敗的鮮花，讓人不由自主地聯想到「人間仙境」的美譽。從這個意義上說，舒婷無疑是人世間的仙女，不是嗎？去年秋天我曾前往廈門，陳功熱情地邀我同聚，那天舒婷在醫院照顧因踢球而傷的兒子，我們在那家醫院門前接上陳仲義，一起在面對鼓浪嶼的海灘酒店裏品嘗大海的盛宴。

「傍晚的海岸夜一樣冷清／冷夜的岩石死一般嚴峻／從海岸到峻岩／多麼寂寞我的影／從黃昏到夜闌／多麼驕傲我的心」。舒婷後期創作出大量優美的隨筆，甚至寫過多篇小說，但不知道為什麼我還是喜歡她早期溫暖心靈的美好詩篇。或許是這些詩篇曾深深觸動過我幼小的心靈，以至於讓我這個經濟系的學子總是發生錯位，經常不務正業地把詩歌當成自己的主業，極大地影響了自己的進步，進而影響到銀子落入盤子裏清脆的響聲。

子川

背對時間

北京已經下過兩場雪，突如其來的降溫，讓曾經喧鬧的大街一下子安靜下來。我曾無數次想過，如果擁有一盆炭火，上面燒著水，隨時為茶杯裏添加熱水，這是多麼喜悅的事！這樣的時間，適合安靜讀書，特別適合閱讀久違的優秀詩歌。

今年春天，也是寒意料峭的夜晚，子川打來電話，說他夜宿北京。之前我們匆匆見過一面，他的謙和禮讓，溫善至誠，以及清秀親和的面龐，給我留下深刻的印象。趕到萬壽路南側的酒店，與他坐在空無一人的大堂裏喝茶，收受他新近出版的詩集——《背

▲子川

對時間》。素雅的封面與他空靈優美的文字完美地般配，以至於回來的午夜，在臺燈下我迅速閱讀，感受著江南才子豐饒的內心。

有些詩集是不需要閱讀的，看過目錄就可以放置一邊，而有些詩集，必須要尋找安靜的時間重新閱讀。我一直把子川的詩集放在書桌上顯著的位置，卻沒有想到這一放就跨越兩個季節，直到今晚才得以在大雪凝固於大地的寂靜中，幸福地攤開他的詩集。

子川，是詩歌界特殊的現象。他既不是朦朧詩潮的潮頭人物，也不曾被現代主義詩歌所裹挾，更不是恪守舊傳統的殘花敗柳。從他清新幹練的文本，感受著他在淡定的詞語下，蘊含著詩的創造性，和閱盡鉛華的思考。他是一位相當講究的詩人，每一個字，每一個詞，甚至每一個標點符號，在他的詩篇中均有不可替代的詩性。他的詩，很像他的人，貌似平靜，內心總是誕生風暴。毫無疑問，在上世紀五〇年代出生的詩人中，子川以其始終一貫的持久寫作，已經成為中國詩壇獨樹一幟的景觀。他安居江南，細膩而豐富地全新發現生活中的詩意，尤其擅長挖掘內心情感的明敏和憂傷，從而在生命的鐘鼓下叩問去向。

經濟學最重要的使命是在不均衡中發現均衡，用這個道理來衡量子川，他就是在虛幻與真實之間，力圖尋找到接近真實的生命路標。他順手拈來的意象，幾乎都來自於生活著的江南，所要表達的通篇詩意，卻沒有地域性的局限，很容易便從這些詞語中感悟出獨特的思索。表面上看，子川的詩缺乏張力，幾乎尋找不見刻意安放的冷僻之詞，這絲毫不會影響他詩歌思考的深層寓意，在平淡的詩句中反而會給我們長久的衝擊。

子川年長於我，他的閱歷決定他的詩句中所表現的或者隱藏的寓意是真實可信的。正像他的人一樣，從來不會偏離自己的生活地域，從來不會故意誇張自己的生活經驗，也從來不會熱衷於玄而又玄的詞藻，他就是江南的智慧歌者，當某些詩歌淪為速食文化的一類時，讀他的詩必須要沉浸於詩意之中，仔細閱讀字裏行間蘊藏的指向和音節，這樣才會合攏詩集時，心中生出戀戀不捨的感覺。

子川說，前幾年才真正覺悟到寫詩對其生命的重要，感慨自己已經走進生命的秋天，言外之意，無非有些老來將至的恐慌和往事不堪回首的傷感。其實決定一個人是否衰老，有時和年齡並無關係，以子川的形體和氣度，稱其為儒雅端正的小夥子似乎也不過分。在今天，我們足有理由減去十歲，以更年輕的心態存活於當下，似乎是中生代的選項。這不是自欺欺人，人類生命的延長已成為現實，所以不必「背對時間」，萬事可以從頭再來。

「流水的第一反應／是盛開水花，然後流速加快／流水一頭撞上石頭／發出魚兒喜歡的潺潺水聲……」（《用石頭阻隔流水》）。子川優於我們的是歲月恩賜於他的定力，他就是江南延綿的水系，每一條思想和情感的溪水，都在釋放著靈動並擊濺起清透的浪花。我猜想他一定很喜歡自己的《背對時間》一詩，否則不會以這首詩作為詩集的書名。吳思敬在序言裏也以這首詩剖析子川強烈的時間意識，讚譽子川詩化了「人生苦短」的感覺：「很想背對時間／站著，像小河邊那棵老柳樹／靜聽身後的流水。／在一塊糙石上日夜打磨／生命彷彿一件利器／一天天變薄」。這是這首詩的上半部，如果接讀該詩的下半部，「時間流過，留下泥濘的河床／老屋的牆壁／長出許多無名小草／油菜開花，鋪了一地寂寞／這故園的夢。／夢中有詩，從詩中伸出手／彼此牽著／到永遠，永不生厭。」我不會無端猜想子川這首詩的寫作目的，但我不會輕易相信他是在感歎生命的短暫，尤其結尾的「到永遠，永不生厭」，決不是單單表達對時間的留戀。

許德民

一個生命的失蹤不是新聞

二〇〇二年春天，應大學摯友之妻邀請，我去上海參加她的《生命週刊》在橫沙島舉辦的文學筆會。之前我已知道，她聘請的主編鄭潔，就是當年華東師大的學院詩人，也是復旦大學學院詩歌的領軍人物許德民的夫人。所謂筆會其實就是老朋友的聚會，嚴力、許德民、默默、張遠山、李占剛等人一同前往，在長江口上的度假村裏輕鬆地度過海派的週末。

我在大學時代就知道許德民和他的成名之作《紫色的海星星》，「並不是所有的善良／都能得到應有的尊重／並不是所有的傷害／都是蓄謀已久

▲許德民（中）與嚴力、默默、李占剛、古岡、韓博等人

的」。在學院詩歌昌盛的年代裏，許德民等人把復旦大學的學院詩歌提升到最高處，許德民和復旦大學的《詩耕地》曾是當時出道詩人耳熟能詳的詩歌符號。之後他與孫曉剛、李彬勇和張小波大打「城市詩」的旗號，曾橫行於上世紀八十年代中期的中國詩壇。我在《星星》詩刊下半月曾談到八十年代大學生詩潮的盛況，他給我留言時補充到：「八十年代初期，也就是改革開放的最初幾年，其實整個主流都呈現一種開放的姿態，解放思想成為每一個行業的關鍵字……那時代在大學裏是最思想解放、思想活躍的年代，誕生於那個時代的學院派詩人，基本上是整個時代的詩歌精英……那個時代，在大學裏組織社團，組織詩歌朗誦會，呼風喚雨，席捲整個校園，波及全國各大學，參加者幾乎遍及每一個寢室，詩歌真正成為了那個時代的心聲。詩歌是心靈革命的載體，也是承載社會和個人命運的渡船。」

許德民和我想像的不大一樣，之前我以為他的面孔應該清瘦而堅毅，而見到他後發現他的臉龐富態而平和。隨著八十年代的落幕，許德民的名字迅速消隱於詩界，其原因不得而知。交談中我知道他已把藝術的重點轉移到繪畫上，後來我曾去過他在紹興路上的角度抽象畫廊，裏面陳列著他近年來的繪畫作品。詩與畫的銜接或許是一個詩人自然的選擇，用畫筆作畫似乎比用筆寫詩更能直接表現個人的思想。

本以為許德民不會再染指詩歌，但在復旦大學百年校慶時，他浮出水面召集散落在各個領域的復旦詩人，他個人拿出了價值十萬元的六幅畫，不僅向母校獻禮一座「復旦詩魂」銅雕，還主編了十六《復旦詩派詩歌系列》。「那是一份初戀的感覺，跟隨著記憶」，他興致勃勃地召集歷屆詩社成員重新開始寫詩，並熱衷於復旦VS北大——中國學院派詩歌高峰對決之活動。在我看來，大學生詩潮興盛於八十年代，也消逝於八十年代，我們可以非常動情地懷念理想主義年代，任何重現的願望似乎只是一種奢望，畢竟時空轉換，正像許德民自己所言：「在八〇年代初期，大多數校園詩人都是業餘的，只是詩歌愛好，而非職業詩人。學院生活中更重要的事情是自己的專業學習和前途設計，因此，復旦的很多有才華的校園詩人在離開學校後往往就離開了詩歌創作……詩歌只是他們人生途中的『班車』，抵達目的地，就跳了下去，不再回來。即使留守在詩歌裏的詩人，離開校園以後，堅持寫詩只是因為詩歌是一種至愛，是自己的生命方式，發表與否已經不重要了……在他們的骨子裏，詩歌已經儼然成為他們生命的靈魂，他們的人格烙印已經深深地鐫刻在詩歌神聖的骨骼上。即使他們從此不再寫詩、讀詩，但是他們的呼吸和心跳的旋律和節奏，都是詩的，都是無法改變的詩的『鄉音』。」

他的夫人鄭潔曾說：「許德民不是一個善於放過自己的人，不放過自己在時間上的鬆懈，更重要的是，他不善於放過自己的創造力。」現在許德民致力於抽象詩的探索，他認為詩歌是文學中最接近藝術的文字形式，如果說藝術的最高境界是抽象境界的話，那麼詩的抽象就是文字形式的抽象。他對抽象詩的定義是：非語法、非邏輯、非經驗的抽象字組構成形式。抽象詩從字開始，到字組為止。如他的《胡各戶拐》，「影弄花覓降／翅派家百晴／由來室門闊／翻今似解迷／／流峰男乳張跨色／沉鼓女經漏月鳴／歲太近／將如閉／梁上負／／名另再複義子獵／拓本內舉膽點過／常異雜／剔衣青／問疼何／／文深刻鐵大有兆／反勢令有可起乘／／胡各戶拐／去亞圖疼／實胎中其／品左常右」。他解釋說，抽象詩打破傳統詩歌的語法、片語、習慣和邏輯，「讓詩歌回歸文字本身」。在他看來，「百家姓」就是一個例證。當有人表示這很難被大眾接受時，許德民笑了：「疑問、嘲笑、不解都不是問題。即使它是一種遊戲形式，但也是別人沒有做過的。」

許德民認為，現在的很多詩歌，換一個名字根本不知道是誰寫的，大多數人都在重複著前人的手法、主題、語言習慣和題材。詩歌沒有任何創新的價值、創新的審美，詩歌是停止的。中國詩壇上的很多流派，其實很多不是藝術風格和詩歌觀念的派別，而只是地域、圈子、年代的劃分，是沒有學術性的。

實話實說，我反復閱讀卻依舊無法理解許德民抽象詩的內在意義，但我尊重他執著的藝術探索。不過，比較而言我還是懷念他的非抽象詩：「即便是威嚴的大海／也無力保護自己的孩子／在浩淼波濤中／一個生命的失蹤已不是新聞了／我看見遊覽區的小籃子裏／海星星被標價出售」。海星星應該生活在浩瀚的海洋之中，它一旦被遺留在退潮的海灘上，逃脫不了僵死的命運，必然成為一種飾品，可能還悲哀地成為一種廉價的飾品。

貴族走在藝術裏

前幾年在長江口上的橫沙島某度假村曾和嚴力同住一室，他先我躺下，在柔和的燈光下，我驚異地發現他銀白色的頭髮散發著一種特殊的光。那時嚴力已經從美利堅大陸回到上海定居了，多年海外的顛簸或許深刻改變了他的目光，但那張英俊的臉卻絲毫未見衰老，反而愈加富有魅力。每次見到嚴力，他都非常注意儀錶，總是很時尚，他的頭髮不是花白，而是銀色的。在聚集的人群裏，他渾身散發出的藝術氣質，不可避免地會跳出來，與眾不同又彰顯高貴，難怪有人

▲嚴力（左二）與郭力家、朱凌波、蘇歷銘等人

說他散發著貴族氣。

嚴力是出生於北京的上海人，當年在三裏河國家計委附近的大院裏，他和芒克等人成為青春的玩伴。那年月是否去後海滑過冰，或者站在樹蔭下拍過婆子，我無從知曉，但以嚴力之帥氣可能會被反拍。上世紀七十年代開始，他開始詩歌寫作，不僅加入到「今天」派中，還參與星星畫會的「星星畫展」。一九八四年，他在上海人民公園舉辦第一次個人畫展，次年便飛越太平洋，開始長達十數年的海外遊蕩。

當年嚴力在紐約創辦《一行》詩歌季刊，這個詩歌刊物迅速成為國內先鋒詩人的陣地。朱凌波曾擔任過東北的代理人，負責詩稿的編選和雜誌的派發。《一行》詩刊有著「詩，一行行寫；人，一行行人」的意思。它是嚴力在海外點燃的漢詩火種，它給深陷於治理整頓時期的詩人們帶來一束光亮。一九八七至一九九五年是活躍時期；一九九五年以後每年出一本，一共出了二十五期，再加上國內人士組織出版的一些《周年紀念集》，加起來共有三十二期。當時辦刊資金由海外成員每人每期出五十至一百美金，每期給大陸詩人贈寄四百本。應該說，《一行》詩刊真實記錄了一九八五至一九九五年中國現代詩的民間創作歷程和文本。嚴力回國後曾打算把《一行》詩刊上的作品在國內結集出版，但某些原因讓這個簡單的願望難以迅速實現。

在默默為他舉辦的專場朗誦會上，我聽到他平靜的聲音：「還給我／請還給我愛的空間／哪怕已經被你污染了／也請把環保的權利還給我／請還給我與兄弟姐妹的關係／哪怕只有半年也請還給我／請還給我整個地球／哪怕已經被你分割成／一千個國家／一億個村莊／也請你還給我」。嚴力的《還給我》被譽為經典詩歌而流傳甚遠，有人分析說：「那就是基於工業社會對農業社會的破壞，人類的許多美好的傳統和精神也被破壞了，於是詩人同所有痛感於此的人們一樣，向已經失去的許多美好情懷發出『還給我』的呼喚。」嚴力的青春期是以「奇裝異服」反叛周圍，崇尚「自由」成為他浪跡的天然動力。在我看來，他面對現實發出震耳欲聾的呼喊：「還給我」，應該再加上重重的感嘆號，把屬於生命又被無情剝奪的「自由」還給本人，或許才是他的本意。

一九七八年，是中國現代改革開放的起始元年，也是思想解放的偉大年代。當嚴力從芒克和北島那裏得到《今天》雜誌創刊的消息時，天安門「四五運動」剛剛平反，活躍的民主氣氛使他順理成章地投身於後來被稱為「朦朧詩」的大潮中。嚴力說：「我是在一九六九年看到食指寫於一九六八年的《相信未來》的手抄本的。一九七〇年我從父母所在的湖南衡東五七幹校回北京後認識芒克，他那時已開始寫詩。芒克從插隊的白洋澱回北京，我們幾個與一些私下搞文學藝術的人在一起。我在一九七三至一九七八年間寫了不少的詩，現存十七、八本厚厚一摞的手稿，後來只修改過其中一小部分，大部分還是當時的樣子，我想以後有機會再整理。」

嚴力說：「關於現代詩，應從現代開始。生活現代化了，詩歌必須現代化，要跟著生活走。上世紀三十年代，上海有火車、輪船，有洋貨，這就是現代生活，詩歌跳出五言、七絕的限制，也就是從講究形式的條條框框裏跳出來，現在看起來，確實還是沙發比較舒服，打破限制也就是一種現代意義。」他強調詩人必須具有的一種品質。閱讀一個詩人的詩歌時，應該與他的行為放在一起閱讀，然後有一個判斷。從嚴格意義上講，詩人的行為更能接近他的真實，而其詩歌中的理想及人格是他要去努力接近的東西。他不贊同人格分裂的寫作，並認為現代詩歌精神與古典詩歌情操應該是一致的。

從一九七八年到現在，時間過去整整三十年了，其間嚴力又十數年遠在大洋彼岸，但他的思考始終沒有離開過中國詩歌。當年為了給北島過生日，口袋比臉還乾淨的歲月裏，嚴力等人好不容易湊上一點酒錢。在頤和園落雨的山坡上，用繩子把一塊塑膠布綁在樹上，四個人就在下面喝酒。喝高後各自朗誦自己的詩歌，然後還互相聯句。生活中掙扎出來的詩意，海外流離中滲透的詩意，以及常住上海後發現的詩意，對於嚴力而言，他都始終把這些詩意落在自己的筆端。他的小說後來在上海文藝出版社出版，而詩又在各種民間詩刊和公共出版物上不間斷地出現，可謂是寶刀不老，基業常青。

事實上，他一九七八年就有了自己第一本詩集，即用手刻蠟紙印出來的《存薦集》。前幾年在上海時，他送我一本新出版的詩集，似乎掛著香港某出版社的名義，嚴格追究起來也屬於非法出版物。他的詩並沒有因為傳播的局限而成為抽屜的存貨，在中國詩界，嚴力的詩和他的《一行》已成為繞不過去的標記。

帶著母語回家，嚴力的前半生完成從叛逆者到責任者的轉變，他安居上海，偶去美國，在兩個聰慧女兒的嬉鬧聲中自由地寫作，也是現實中被逼無奈又心甘情願的生活方式。芒克說，「我卻始終不會相信，難道嚴力也會老嗎？！」是的，嚴力已年過半百，在貴族已經消亡的大地上，他是自己的王，他領導著永遠年輕的自己對抗著一生的敵人。

劉福春

收集與新詩有關係的「紙」

中書即古代的中秘書，是自漢代起中國歷代封建王朝掌管藏書的官職。劉福春離開東北趕奔京城之後，他把收藏詩集作為自己的天然使命，以至於家中的四壁和空隙，滿滿地擺放著經年所得的與詩歌相關的圖書和報刊。他個人已搜集到中國現當代詩人的詩集一萬餘種，與兩千多位詩人建立了聯繫，並存有他們的創作檔案。與新詩有關的一切資料對他來講都是有價值的，他都需要，手稿、書信、照片等等都能給他帶來心底的愉悅。他經常對人說，「與新詩有關係的『紙』我都收集」。我敢說，中國任何一家圖書館的詩集藏書都不及

▲劉福春（左一）與食指、史保嘉等人

他的書櫃。

劉福春置身於嬗變年代之中，始終保持著學者的單純，他憨厚的笑容，總讓我感到他內心清澈如水，似乎永遠沒有煩心之事。很難想像，在二十多年的時間裏，他甘於寂寞和清苦，一直把詩歌版本研究當成自己的一個重要方向。這需要勇氣、忍耐、淡泊名利、拒絕誘惑和自我犧牲。為了編著《中國現代新詩集總書目》，劉福春要求自己必須查到原書，使用第一手資料。他查閱了五十多家圖書館及一些個人藏書，把當時能找到的從「五四」到1949年出版的新詩集都看了一遍。不僅如此，他專注於中國詩歌活動和詩集版本的研究，出版了學術著作《新詩紀事》，填補了中國詩歌版本研究的空白。

二〇〇一年，他與日本學者岩佐昌暲共同編輯《紅衛兵詩選》由日本的中國書店出版。其中較完整地收集了文革十年散佈於各種紅衛兵報刊的「詩歌」，應該說，這是一本頌歌與瘋狂交織的中國詩歌的怪胎。對於認識一九四九年後中國詩歌的非詩歌性的演變，以至於文革時代的登峰造極，有著相當的貢獻。

在詩歌研究之外，劉福春是相當有趣的人，或許是出身於東北平原的緣故，他的骨子裏總是透出獨特的幽默，與他談話經常充滿出其不意的笑聲。他曾指導過兩個韓國女學生，因為皮膚的差異，他稱白皙一些的為牛奶，稍黑一點的為巧克力。他永遠能在日常生活中發現快樂的細節。

我是上世紀八十年代認識劉福春的，那時和現在他都在中國社科院文學研究所，所不同的是，現時他雙鬢浸染白髮，牙齒已有脫落的跡象。他打趣地說，三個月後即將長出新牙，想聽他漏風的朗誦，一定要珍惜當下的機會。我一直把劉福春視為可親可敬的兄長，每次歡聚時經常忽略應有的禮節，甚至可以肆無忌憚地開著各類玩笑。對於他來講，最得意之處莫過於成為我的債主。數年前，我曾發現北京有一家道地的東北餐館，並允諾有機會請他一起品嘗。之後有數次一起就餐的機會，他都堅持不吃東北菜，我有些不解，等酒足飯飽後，他露出黃世仁般的微笑，悄聲對我說：「記著，你還欠著我一頓東北菜！」

劉福春的可愛之處就是在他的臉上始終閃爍著純真的光芒，清水生活中永遠咀嚼自然的香味。去年有幸曾去他的故鄉——查幹湖，在那裏我才知道劉福春作為家鄉的驕傲，享有崇高的聲譽。他不僅邀請唐韜和臧克家為當地的《郭爾羅斯》題寫了報頭，請冰心題寫「郭爾羅斯文學作品選」書名，還約請王蒙、牛漢、鄭敏、屠岸、謝冕、余秋雨、邵燕祥、高洪波、林莽、食指、李小雨等知名詩人作家為家鄉文學雜誌寫稿，從此查幹湖——這個位於吉林省松原市前郭縣境內的湖泊，被全國文化界人士熟知。

在查幹湖，牛漢接受了前郭縣「榮譽市民」證書，謝冕曾冒著嚴寒為查幹湖冬捕中捕獲重達三十斤重的頭魚，邵燕祥被查幹湖冬捕和前郭一一九九把馬頭琴齊奏感動，曾在白洋澱生活過的林莽來到查幹湖後也有回家之感……鑒於劉福春對於家鄉文化事業的貢獻，當地政府授予他「查幹湖文化大使」的光榮稱號，並頒發了紅皮聘書。他是查幹湖文化大使，有機會我一定建議當地政府應該用漁網做上一套時尚的泳裝，讓劉福春有事沒事時穿著，任何時間都不忘宣傳查幹湖的美麗。或許是特殊水質的原因，查幹湖的魚味道鮮美，這讓我一直對他的故鄉充滿嚮往。

劉福春與謝冕、吳思敬、林莽等人常年編輯《詩探索》，使這本伴隨中國詩歌發展的專業雜誌一直存在著和見證著。在中國急劇變化的年代裏，劉福春的裝束一直不變，他洋溢著微笑的表情一直不變，他心底裏對詩歌的熱愛一直不變。他的家離潘家園舊貨市場很近，他經常去那裏尋找文化珍品，咬牙買下的任何一件「文物」都與詩歌相關。他並不寬敞的住房裏，頂在天棚的書櫃裏，擺放著自中國新詩誕生以來的各種版本詩集，這種持之以恆的信念和作為，在欲海橫流的現實裏著實令我敬畏。

呂貴品

蝙蝠從耳朵裏飛出

中國詩歌界患有嚴重的健忘症，一些美好的名字有時被淡忘得沒有痕跡，呂貴品就是其中重要的一位。當年他在《舊房子》一詩裏似乎對這種情形已有預感：「早晨他走近人群／有一隻蝙蝠從他耳朵裏飛出／那些有關牆上人影的可怕傳說／使他自豪：自己是個瞎子。」

呂貴品是把詩當成生活，把生活變成詩的高人。他早年參加上山下鄉革命運動，在吉林省通化市某農村接受貧下中農再教育，要不是恢復高考的春風吹綠山村的坡地，他可能由此更名，不叫「呂貴品」改叫「呂品貴」，徹底紮根農村鬧革命了。呂貴品之天資聰慧首先體現於短期的學業速成，在恢復高考的第一年

▲呂貴品（右二）與劉曉波、劉霞郭力家、陳琛、蘇歷銘等人

即坐上開往長春的火車，做了新時期的大學生。呂貴品在入學前，曾在省報發表過順口溜似的革命詩歌，是吉林大學挽救了他，以至於在他懵懂之時走上正確的道路。

大凡上世紀八十年代寫詩的人，幾乎都知道呂貴品，他的詩獨樹一幟，空靈詭異，連續獲得《青春》、《萌芽》等當年堂皇雜誌的文學大獎。這些獎項貨真價實，遠比當下的某些大獎經受住時間的考驗。呂貴品畢業之後留校任教，恰巧也住在學生宿舍樓，我們以勤奮好學的態度，把他尊稱為「老師」，他有些羞怯，以一句「別瞎扯」扯平我們兄弟之間的關係。記得他從南方獲獎歸來的當夜，即向我們這些在校的文學青年介紹參會的情形。他閉口不談活動本身，而是專講會議之外的花絮，比如少數民族的婚俗，惹得我們也想前往，被人扣下做浪漫的女婿。呂貴品骨子裏透著天生的浪漫，他的粉絲之多，踏平了吉林大學第七宿舍的石頭臺階。在反對資產階級自由化運動衝擊之後，被逼無奈但也心甘情願，他和徐敬亞同去深圳，在改革開放的前沿陣地享受解放思想的自由空氣，1986年他們共同策劃《深圳青年報》現代主義詩歌大展，之後隨著報紙的翻船，他在濁流湧動的商海裏嘗試安身立命的各種可能。

狂妄到底的郭力家在談到呂貴品時，卻總是充滿欽佩的語氣，他把呂貴品稱為「天才」，並從呂貴品的「臉」提煉出天才的特點：「這張臉每一天都是處女，每一刻都可能發生美好的事情或不幸；這張臉來到世間，顯然是為了防止人生動不動就出現的荒漠化問題，世人收到了這張臉等於意外收穫了一座枝繁葉茂的原始森林；這張臉化解人生困苦的宏觀調控機制相當完善，多少功成名就、鴻運當空的人，遭遇這張臉，就使自己從頭武裝到牙齒的階段性人格，相當迅速的淪落為靈魂有待拯救的一介丐幫；這張臉基本上靠火山的本能和自費的運作模式散熱和發光，該臉兒普照不及之處可能發生車禍或癌變；這張臉部分實現了古代漢語的話外願景，眉眼之間十分和諧地理順了現代語法在編制上的臃腫和用人用工上的混亂；這張臉貌不驚人地落實著科學發展觀，常常在天還沒亮就醒了，在國家政策還沒出臺就把活兒幹完了；這張臉全面踐行四處落實郭力家先生一貫倡導的即得即失、即色即空、即有即無、即興人生的生命觀——用偶然對付偶然，在必然中淘汰必然，尊四時以壯行色，啜芳泉而享天年，赤條條來去全不計，身後一簾幽夢，腳底再度狼煙。」

呂貴品的前半生充滿著傳奇色彩，集中體現在大難不死的氣數上，按照他自己的說法，每次都感覺到身體迅速地下陷，最後突然停了下來。當年回通化省親，他騎著自行車與幾個街頭小混混擦肩而過，只是無意識地多看了他們一眼，便無故被軍刺穿透肝臟。他感覺到體內一種涼意，堅持奔到醫院，然後昏迷不醒，事後醫生說，他的血幾乎流盡，再晚一會兒必將命喪黃泉。在深圳的家中，他曾豢養過兩隻碩壯兇悍的藏獒，有一天其中一隻在莫名其妙的情況下，向呂貴品發動無情的攻擊，咬破他的動脈。如果搶救不及時，呂貴品的燦爛只會定格於永恆的回憶裏了。數年前呂貴品約我回到通化市，與一家擬上市企業溝通上市事宜，折返長春的當夜，他還饒有興致地與我一同現場觀看東北的地方特色——二人轉。次日我們同時奔向機場，我先於他回北京，他晚半個小時直飛深圳。分手時我發現豆大的汗珠順著他的額頭滴落，他有些虛弱，但堅決不要我改變航班陪他。事後我才知道他在深圳下了飛機，直接被醫院的救護車送往手術室。

呂貴品在商業上的成功，完全取決於策劃和創意的天才。他曾把湖南某酒廠的酒密封在山洞裏，然後加大推廣力度，同樣的酒卻以翻番的價格出售。本來領取年薪足以讓人羨慕，他卻辭去前呼後擁的公職，全身心地轉向個人創業的新興浪潮之中。期間他來北京出差時曾滔滔不絕地暢談自己的商業計畫，對於那個比登天還難的想法，我似乎聽得不夠專注，這令他惱羞成怒。但我還是陪他去了廣西欽州，我的大學摯友王乃學時任該市副市長，一同在現場觀看他的酶試驗，也曾去過銀川的生產工廠，在合作招商會上充當嘉賓。有時我不得不佩服呂貴品堅韌不拔的革命毅力，他能在沙漠的邊緣，手捧古蘭經，把他的夢想最終成功置換到一家香港上市公司，完成他的股權收益。這是一個奇跡，一個只有詩人才能把異想天開的事情落地的奇跡。

他曾移居北京，在鼓樓西大街的一座小白樓裏，召集原班人馬，盧繼平、馬志剛等詩人相約加盟，又開始新的長征。呂貴品的智慧、本色和空靈，大都消耗在所謂的創業裏，雖然在欲海橫流的現實世界裏，他積累財富的能力得到了足夠的印證，但還是不停地奔波。按理說，他已滿身創傷，或者說是腰纏萬貫，但天生的衝動使他的大腦總是陷入亢奮之中。多年前，在深圳我曾見證過他家裏儲存的大量影碟，以及不斷更新換代的音響，我懷疑他沒有安靜時間去欣賞輕緩的音樂。現在他不斷更換價值不菲的進口車輛，可我從來沒有看到他自己開車。他在創造物質財富中已經充分地享受了精神的愉悅，按我相對愚笨的想法，其實應該重新回到文字之中，把當年未完成的詩歌和曾構思的多部詩劇逐一寫出來。

呂貴品之詩人天性，現在集中表現在即興做詩上，並自稱之為「無字詩」。呂貴品之詩人才華，集中體現於他的出口成章上，且稱古來詩人皆如此。上世紀80年代中期，四川人民出版社曾為他出版過個人詩集《東方島》，因為不滿其中收錄的一些詩歌，他竟不去長春火車站貨場領取詩集，使得原箱返回四川盆地。而今不再意氣用事的他，對當年的責任編輯張新泉抱有愧疚之意，還說有機會一定當面解釋。有時朋友勸他整理詩稿，幫他出版自己的詩集，可他卻相當忌諱，說他有一種感應，如果出版詩集的話，死亡也與之俱來。「天才的天真和時間的天真一樣來自同一個母親。天真不計方向，這讓順時針的人文期待徹底絕望。天才是為天真打天下的現役部隊，天才經常來不及為人民服務，人民也來不及看懂天才的腳步。」一切任由性情，有沒有詩集對他而言已經毫無意義，他把詩全部寫進迄今為止的生活裏。

呂貴品之身體浸染眾多的時代病菌，各項健康指標明顯偏高，但仍舊不戒煙不戒酒不戒色。任憑他人苦口相勸，他仍一如既往地按習慣行事。他在生命的博弈中總想成為勝者，但命運果真會不斷地降福於他嗎？只有祈願，讓這個可愛的人平安地活在人世間，他是一個變數，他能給我們帶來無法預料的驚喜。

宋詞

不肯落馬的前世英雄

從外形上看，宋詞是典型的東北壯漢，若在清末民初的戰亂年間，他或許會成為獨行的俠客，除暴安良，匡扶正義。可他出生時，全國已經解放好多年了，地富反壞右基本上被人民群眾踩在腳下，他心中的悸動只能和一輛自行車較勁。上世紀八十年代，他靠著天大的膽量和海大的酒量，從牡丹江出發，把自行車一直蹬過青藏高原，拉薩高強度的紫外線把他的臉龐曬成古銅色。在《走來走去》隨筆集中，他詳細描述了旅程中發生的所有故事，包括唐古喇山口險些喪命等，但對有些豔遇似乎終生守口如瓶。

▲宋詞（中）和朱淩波、蘇歷銘

我是一九八八年春節前在牡丹江第一次見到宋詞的。當時他在當地的黨報擔任記者，和朱凌波等人在祖國偏僻的三線城市抖動現代主義詩歌的旗幟，興詩歌之風，作紅顏之浪。那時宋詞和朱凌波、津子圍等人舉辦了「五人文化講座」，台下手托紅腮的于坤被宋詞吸引了，把繡球拋給了守株待兔的詩人。牡丹江出身的詩人韓博說：「儘管開始寫詩，我卻非常沒有自信。當時的朦朧詩還在爭議之中，我覺得自己寫的離『正道』太遠，只是抒發一己之私臆的東西，遊戲之作而已……意外的是，我恰好遇見了宋詞、朱凌波，他們當時正沉溺於第三代的詩歌運動，自己也搞了一個『體驗派』，對我那些拿不出手的東西大加激賞。沒有他們，我就不敢那樣一直寫下去，連以前的作品也得偷偷撕掉、埋了。」宋詞曾以《沒寫完的病歷》等詩亮相於中國詩壇，他不矯情，不趨同，不主流，他的詩從剖析現代社會病理入手，詭異、荒誕和反諷，總是讓我產生置身於義大利電影《紅色的沙漠》中的錯覺。在天寒地凍的東北平原上，宋詞之人性很東北，宋詞之詩歌卻充滿現代主義的探索。

在遊歷了大半個中國之後，宋詞選擇在人類宜居城市——珠海安營紮寨。多年生活的磨礪和心靈的顛簸已使天生土匪身材的他變得散淡和隨和，與珠海的城市性格相當吻合。他和勞動人民天然地親近，記得有一次去珠海，我們在一家街邊的海鮮排擋用餐，他和那家老闆及老闆娘熟得一塌糊塗，使我有幸品嘗到從尚未通航的小島那邊運送過來的海鮮。宋詞的人品極好，半輩子的口碑基本都經受住歷史的檢驗，尤其是他沒有尊卑的平民意識，讓他在珠海擁有眾多的朋友。那次一晚上除了飯店老闆頻頻敬酒之外，老闆娘時時展示燦爛的笑臉，不知從哪里冒出來的食客也紛紛過來，與宋詞稱兄道弟地攀談。這是一種異常幸福的感覺，彷彿宋詞不是北方移民，倒像是自幼長於珠海的廣東土著。

宋詞是個容易給人帶來信任和喜悅的人。楊黎曾在成都接待過單騎旅行的宋詞，只是幾天的時間，他們彼此的好感似乎超越詩人間一般的情誼。何小竹在一首詩中記載了他們在珠海再見時的情景：「到了深圳，楊黎逢人便說／何小竹沒見過海／我說，主要是想將『海』這個詞與實際聯繫一下／於是歐寧知道了我沒見過海／徐敬亞、王小妮知道了我沒見過海／（他們曾建議去海邊吃那頓晚餐，但因故未去）／後來到了珠海／楊黎又對宋詞和朱凌波說／何小竹想去看海／宋詞他們就笑／於是安排了去海邊的一個茶坊喝茶／宋詞指著海抱歉地說／現在落潮／海並不寬闊／我說沒關係，看見就行／吃過海鮮，又去海濱浴場／劉衛紅（朱凌波的太太）問我和楊黎／不下去泡一泡／是呵，該下去泡一泡」。宋詞從不自詡為詩人，在參加八六現代主義詩歌大展之後，他漸漸地淡出浮躁的詩界。「別路雲初起，離亭葉正飛。可歎人異雁，不做一行歸。」宋詞是文學系科班出身，對古典文學的酷愛，使得他現在渾身上下散發著古典遺風，目光中流露出的淡定和深邃，與他面對，會讓浮躁和衝撞的情緒緩緩地沉落下來。

二〇〇八年春節期間，我曾由深圳前往珠海。那天出奇的冷，宋詞在寒風中把我接走，堅持要我住在他古色古香的家裏。我確實怕南方的陰冷，而他們則習慣於南方的天氣，任憑我幾次提出外出住店的請求，宋詞都置人民群眾的疾苦而不顧，他全然不知我已被凍得周身發抖，好在睡床上有一張電褥子。宋詞對古典的偏愛，絕不僅僅局限於書案上的《四書五經》，從我進門開始，他便詳盡地介紹室內的傢俱和密不示人的各種收藏品，從條案到座椅，從茶几到台櫃，從餐桌到大床，每一件傢俱都來自於久遠的年代，這讓我羨慕不已。宋詞並沒有把絕版傢俱束之高閣，而是完全作為日常之用，由此我聯想到當年學習《資本論》時一句經典的論述：固定資產在使用中得到保護。

宋詞之生活情趣來自於他的深厚底蘊，古典風格的室內裝修和前朝傢俱渾然一體，難怪宋詞棄詩而去，他已生活在詩裏。特別是他把屋頂百米平臺改造成空中花園，在涼亭的對面，修築一間木質茶室，每一扇窗欞上掛滿喜慶的紅燈籠。他把這個平臺命名為正八品台，即正詩品、正畫品、正書品、正人品……還煞有介事地寫下《正八品台記》：「無計歸田畝／買屋喜有台／名之正八品／拙意與時乖／縱橫五六丈／錯落三四階／超然出鬧市／凌虛似孤崖／花竹繞牆種／瓜豆傍籬栽／一甕白蒸菭／數畦青蔬菜／微風掃落紅／細雨潤新苔／岫閣納青氣／皋亭興逸懷／夜坐星可探／朝拂霞能裁／疾鳥盤欲下／閑雲逝複回／案頭開舊卷／樽中注新醅／醒與古人游／其樂若嬰孩／醉後臨空舞／飄飄歸去來」。

宋詞的收藏不見得價值連城，他不關心它們的價值，也不理會未來升值的空間。他完全是出於內心真正的喜愛，而這種喜愛是內心的喜悅，他說撫摸這些家私，會讓他和歷史相通，會讓他踏實地感受生命的跳動。寫到這裏，我的耳際又回蕩起宋詞雄渾的朗誦：「沙場寂寞有年／英雄已成過去／只有我／至今不肯落馬／為我心中的故國／在沒有敵人的世界裏／到處行軍 ……美人已死／有誰伴我夜讀兵書／劍鳴已老／不再催我聞雞起舞／／扶摸忠誠一生的戰馬／扼腕高歌／長歌當哭」。

宋琳

手鬆開一片死光

某天晚上，潘洗塵約我前往他的住所喝茶，並說宋琳也來。趕去之後，直到把茶喝淡，門鈴才響起來。潘洗塵說：宋小慢來啦！對於這個綽號，我並沒聽說過，但瞬間又感到似乎比較貼切。宋琳之慢，並不是不守時，而是在日常生活中他的慢板態度的體現。所謂慢板生活就是一種恬淡、舒緩而又愜意的生活狀態，並試圖以一種新鮮、啟發、知性與浪漫的姿態為基調，用一種接近慢板的節奏展示出現代人在物質生活的表層下對精神世界的探求。在中國詩壇上，宋琳是一

▲宋琳（右一）與牛漢、謝冕

個特別的名字，他起源於閩東山地，在大上海的中山北路度過相對悠閒的時光，在上世紀八十年代末他到達人民廣場並從那裏離開人們的視野。我再聽到他的消息時，他已旅居法國，之後我在《今天》雜誌上終於看到他作為編者而名在其中。

上世紀八十年代中期，我曾被派往上海工作，其中一個實習地點就是在華東師大對面的盤灣裏貨站，即蘇州河邊的一個小碼頭。那時我有大把的空閒時間，經常去華東師大找陳鳴華等人聊天。華東師大夏雨島詩社是當年中國學院詩歌的亮點，宋琳、張小波、李其鋼、於奎潮、徐芳、張黎明、林錫潛、于榮健、鄭潔、陳鳴華等一批名字閃爍於詩歌的夜空之中，其光亮令人矚目。陳鳴華是我相交甚久的朋友，他當時擔任夏雨島詩社的掌門，這個矮個子上海人中規中矩，沉穩且老練，曾寫出「一個早晨，我和駝隊牽著太陽／這一頭金毛狗走遠」等眾多優秀的詩篇。一天他說應該去見見宋琳，我便隨著他敲開宋琳的門，那是我第一次見到留校任教的宋琳。

宋琳清秀英俊，儒雅安靜，他的一手好詩，在八十年代大學生詩潮中顯得與眾不同。宋琳早年曾經說過，「詩人的藝術行為不僅是一種自覺運動，而且是一種精神的本能運動。這意味著，只有把良心、道義、責任以及審美傾向等意識中的自覺轉化成本能，才能進入詩的狀態。」在校園詩人得意於青春期寫作的勢頭裏，宋琳是大學生詩人中其作品最早發生裂變的詩人之一，當年讀埃利蒂斯《勇士的睡眠》曾令他震撼，在《空白》一詩中他寫出炫目的詩句：「午夜的另一面是牆壁突破／你可以繼續趕路我把手枕在頭下 身體便緩慢飄過／所有去過的地方／城市的停屍房裏有我的熟人／綽約若處子／可憐的腳

塗滿了泥巴 手鬆開一片死光」。

與宋琳見過不久，潘洗塵從東北來到上海進行詩歌串聯，陳鳴華為其組織了專場詩歌朗誦會，而我因故晚到，只能在爆滿的教室外面，聆聽激昂的朗誦。會後，宋琳、張小波、徐芳、陳鳴華、傅亮和我，陪同風塵僕僕的潘洗塵來到傳說中的夏雨島上，並留下數張黑白照片。之後大家各奔東西，迷走於各自的路途上，宋琳在華東師大的課堂上教書育人，寫出大量現代主義詩篇，直到一九八九年鋼筆無法汲取墨汁，白紙無法寫出黑字。

二十年後，在二〇〇四年北大詩歌中心成立的儀式上，我偶遇宋琳，看到當年一張清秀的面孔已浸染滄桑。他不僅旅居過法國，還曾在阿根廷、新加坡等地長住，期間所經歷的萬事我們無法清楚地瞭解，但在時空轉換的複雜經歷裏，他的喜悅和磨難無疑超出一般人的想像。他的性情似乎未變，慢板的語態和慢板的笑容令我頓感歲月催人老，白髮雙鬢生，只是他那雙智慧的眼睛仍舊放射著特有的光芒。二〇〇七年我在瀋陽小住時，曾結合當時的一項工作舉辦過一場「理想詩會」。那時我才得知宋琳執教於瀋陽的一所大學，每月都由北京乘坐夜行火車來瀋陽輔導文學系的學生。遺憾的是，活動期間不是他在瀋陽教書的檔期，但他的學生前來朗誦現場，聆聽理想主義詩人食指、芒克、舒婷和林莽等人的朗誦。

在國外遊歷期間，宋琳是否從事過其他職業，我不得而知，但他在國內始終堅守於教師的崗位。我一直沒有問宋琳職業選擇的問題，人生有些事情永遠是一種無奈，或是命中註定，但這種職業顯然適合於他。他奔走於京沈兩地，每次車輪和鐵軌的撞擊聲中，都將充分享受自由的歡愉。精神的自由是他骨子裏與生俱來的，現在他不僅僅限於使用詩歌的語言，繪畫的嘗試是他釋放思想的另一種更為直接的自由方式。

宋琳曾說過，中國詩人都喜歡往中心擠，可擠到中心一看，裏面是空的。在我的印象裏，宋琳是始終閃身於中心最遠的地方，卻又被人時時記起的詩人。在勢頭猛烈的八十年代裏，他從不張揚，以至於名字常被人搞錯。宋琳之安靜溫和是一貫的，但他心底的火焰可以熔化時間的鐵鏈，有些大膽的想法超出年齡的羈絆，令我不由得感覺到：時間可以致殘我們的肉身，但決不能衰老我們的心靈。心靈一旦衰老，對於我們來說，就等於死亡已經到來。這是二十年後再見宋琳時的瞬間感悟。

宋琳之所以總能頂風冒雪趕來喝茶，最重要的原因當然是老友的情誼和相聚的放鬆，但另一個重要原因是他喜歡空間的自由。在外面可以酌量暢飲，或者肆無忌憚地抽煙，直到催促的電話在午夜響起，我們會故意大聲說，走啦走啦，以便更好地維護宋琳自青年時代不變的紳士形象。交響樂中一般有四個樂章，每章速度各異，而尤以慢板樂章最為動人。宋琳是中國詩歌動人的慢板，他的詩和他的人，一直都在放慢速度，或節制速度，在藝術和現實中保持一種平衡。每次離開換鞋時，宋琳還會點上一隻煙，不慌不忙地延長著告別的時間，或者說是延長自由的時間。

郭力家

體面都值得懷疑

郭力家說，在塵世上他只是一個愛美的孩子，並說自己心若鮮竹，他這樣說，分明要改變我原來預想的標題，即中國詩歌野狼。他相當強烈地反對這個標題，但我無法違心把「中國詩歌孩子」的標題放在他的名下，想來想去，似乎用「大兵」一詞尚能比較準確地涵蓋他迄今為止的詩歌行為。所謂大兵，不同於一般戰士，他手中始終緊握匕首，眼睛裏始終暗藏殺氣，肩上始終擔當道義，他毀滅對手的方法不是狂瀉子彈，而是用詭異詞語置人死地。

郭力家出身於書香門第，其父是吉林大學中文系的教授，也就是徐敬亞、王小妮、呂貴品等人的恩師。當年他家的住所就在我們學生宿舍的對面，已從東北師大中文系畢業的他，經常泡在學生宿舍的門

▲郭力家青年時期

前。他是呂貴品宿舍的常客，中文系的張鋒、鹿玲等人似乎對他百般欽佩，但他不羈的裝束以及狂野的神態，一直被我所警惕，以至於在校期間沒有和他進行過語言甚至眼神上的溝通。我一直認為他心術不正，匪氣十足，雖然知道他也寫詩，但根本沒有心情與他認識。他或許根本沒有在意我的存在，他只喜歡坐在宿舍的臺階上，每逢靚麗的女學生經過，他就斜眼釣春暉，眼睛的餘光會一直跟蹤到人家消失於街道的盡頭。

這是一種天生的本性，在他有限的生平裏，一些紅粉女性十分迷戀他，也相當忠於他，這讓我一直百思不得其解。記得二十一世紀初在萬聖書園與人見面談到郭力家時，其中一文化女子的臉上充滿幸福的表情，並稱郭力家天才地為她新版圖書起了一個恰當的書名，正是這個書名，省卻她苦思冥索的時間，完全概括出她所有的文字努力。當時我相當驚詫，有意不屑於郭力家的文采，那女子恨不得丟掉斯文從桌子對面魚躍過來撓我。

郭力家之野蠻基本上限於身體的外部，畢竟出身於書香門第，他的柔情總是深藏內心，否則不會像陳胖子描述的那樣：他輸掉了來世的內衣內褲，卻收割了大把少婦們「秋天的菠菜」，扭著細腰鑽進了女人的淚水裏洗澡。郭力家之才華，並不是表現在他的詩歌上，那遠遠表達不出心中的底蘊，在日常生活中，他的冷幽默會給所有人留下無法磨滅的印象。郭力家在長春一家出版社任職之初，若有不想接聽的電話，他會對著話筒說：「這是火葬場，需要派車嗎？」他以這種玩世不恭的態度，對抗自己不情願的事情，同時正話反說，把自己情願的事情藏匿於雲端。

北島前幾年曾去長春，郭力家記錄了當天的飯局：「我和村裏幾個搞文化的體面人，在長春一家挺大的館子裏，與北島及其身懷六甲的二福晉一道共進午餐。詩人相見，分外眼紅……但念及甘琦在側，她又是我們東北這塊兒好不容易才長大的一個斯文女子，我只向這倆口子瞭解了一下國產的人在異國他鄉飲食男女的事兒。北島的臉上雲集了太多來路不明的戰火和硝煙，這種古怪的人文景觀只有離奇的年代才能出產。北島的臉是一個自力更生、孤獨求敗的美學陰謀。他以一己之力顛覆了整個當代詩歌的審美慣性，北島的陰謀又悲壯又單純——他企圖不當活鬼就直接當人，他妄想在天空佈滿冰凌的季節發動人比較宜居的精神春天，北島的問題又天真又要命——他要把一個編制外的審美幽靈落戶在慣於長夜度春時的世間。這他媽的能行嗎？就算我點頭了，一九八〇年的祖國在辦理業務程式上也指定過不了關。尤其祖國好像從來沒辦理過這方面的業務。就這樣，北島的臉一下子引發了一場由點及面、由男到女、由詩並文、由昨至今的精神車禍……廢墟之上，北島的臉想不成為旗幟都不行。」「北島不是天才，他只是不經意間幹了點兒天才也幹不明白的事兒。北島不是英雄，他可能是被無產階級文化大革命這頭瘋狗給咬疼了，他在感受疼痛方面又是個比較在行的人，所以，他回答疼痛的吶喊就更上路。」——這段文字基本上體現出他一貫的行文風格，有些拽，有些調侃，有些一針見血的深刻。

有人曾經非常正經地詢問一個事實，即我和郭力家這樣的人怎麼會成為親密無間的兄弟？這是一個問題。當年我曾對他非常反感，卻在歲月磨練之後，漸漸地理解並欣賞他，或許是他的魅力，或許是我的寬容。其實老家貌似反叛的背後，有著返朴歸真的童心，年輕時無畏無序的狀態已經減退，尤其是現在竟然擔當起出版社領導工作了，談吐已變得相當體面，考慮問題也已相當周全。大清帝國的功勞就是改造人，能讓一個不正經的人變得正經，能讓一個出軌的人回到母親的懷抱。在人民大面積動情的時代裏，「郭力家也被組織親切地來回撫摸／生生把一條硬漢摸得管組織叫媽／媽呀——親愛的後媽！」

郭力家已經是國務院學術委員會簽字認定的正教授級編審，但我無限懷念他在北京充當偷稅漏稅出版商的時光。那時他是自由的，經常穿著布鞋和背心出現在小營高檔社區，在他剛搬進自己購買的住宅時，保安曾攔阻他的出入，他極其嚴肅又語重心長地教育了物業公司，使他成為小區裏備受矚目的業主。郭力家在北京從事圖書經營的時候，曾不止一次地欺騙過我。那時每逢重大節日他一定聯繫我，推薦各種昂貴的成套圖書，並極其神秘地答應給我最低的折扣。記得有一次我替人買走十套，可不久遇到真正的編者後，才知道老家給我的價格遠遠高出銷售價格數倍。我在電話裏質問他，他卻永遠環顧左右而言它。他是一個出色的策劃，卻不是一個優秀的商人，在做書商的時間裏，應收賬款讓他早生華髮，而我只能心甘情願地上當。

郭力家以《特種兵》一詩混入青春詩會，同時也混入第三代詩人的隊伍，但他註定不會是一個守紀律的士兵，他已經在出爐之前被鍛造成永不變形的硬漢。「揀來各軍兵種所有番號對對付付／縫上我這件渾身呲牙咧嘴的破衣裳／拒絕加入正規部隊／是我的本性／逼我對自己要終生難忘」。在中國詩歌繁榮和低潮的任何時候，他一如既往地野生於荒地之上，無黨無派，他曾宣稱：「我看到北中國隱隱不安的傷口裏竄出一個又一個滴血的聲音。沒有憐憫，我只有蔑視！」用他自己的話說：「天才面前，所有的體面都值得懷疑，盲目裝逼肯定會四面漏風。」在我看來，郭力家的詩，不是詩人之作，而是一個大兵之作，在最新寫就的《再度孤行》一詩中，更能體現出這個特點：「重複就是一次又一次／製造動章去牢記傷口的魅力／發明愛情來平伏先天的騷動／我們這些父母隱私的公然翻版／慣於在城南舊事裏／反抗人生……祖國疼愛我／讓我生下來長城就在我腳下奔走／用詩用書用苦難的細節／喚我上路」。他所有的詩幾乎都是大兵出場前的道白，也有幾分孩子的莽撞。全國解放快六十年了，改革開發也已三十年了，即便特種兵生來就是一場衝突，郭力家的孤行似乎無處可去。

在長春還有經常流竄於各色民間詩刊之間的邵春光，現在也叫「邵揶」，他別具一格的婚禮曾讓我目瞪口呆。聽說他的婚禮完全按照葬禮的儀式來辦的，凡是來賓均要戴上黑紗，會場裏播放哀樂，這種另類的生活態度至少在追求新奇的當今社會也不落伍。顛覆傳統和規則，或許是更直接表達或揭示本質，長春這個二線城市盛產奇人，「我坐下，是為了增加人民的高度」，就是出自長春另外一位大詩人馬輝的筆下。

值得一提的是，郭力家策劃並極力促成《中國詩典（一九七八至二〇〇八）》的公開出版，這是他對中國詩歌可以看得見摸得著的詩意奉獻。

莫非

每隔一棵樹就要等一等

二〇〇八年最後一天的晚上，潘洗塵像催命似地喊我儘快趕到麗都飯店，其實他不催，我也一定會去的。那晚不僅是馬鈴薯兄弟來京的聚會，同時還是莫非的生日，這兩件事趕到一起，就是累死途中，我也得馬不停蹄地趕到現場。新年的彩燈明亮於北京的街頭，酒店裏的火樹銀花更彰顯節日的氣氛，梁小斌、宋琳、樹才、高興等人已端坐桌邊。馬鈴薯兄弟就是上世紀八十年代的於奎潮，神交多年卻是第一次相見，而與莫非相識就是久遠的事了。據莫非說，我們第一次見面是一九八八年在一

▲莫非（右一）與鄒靜之、樹才等人

次詩歌朗誦會上，可我怎麼都想不起來了，那一刻我開始懷疑自己一貫出色的記憶力。

莫非自幼住在與萬佛樓僅一牆之隔的北海公園西北角上，在文化大革命被抄家之前，他對北京的印象最深的就是九龍壁、五龍亭、團城和北海大橋。等他十二年後從河北靈壽山區返回北京城，時代已經翻開新的一頁。那時他未滿二十歲，身在北京的優勢使他深受詩歌革命的影響，上世紀七十年代末他已經開始詩歌寫作。「我的詩篇也一樣／它無力把你的還給你／／像一滴水在滴落之前／穿過枝葉的縫隙」。朦朧詩潮退去之後，他沒有捲入學院詩潮，雖然他的《詞與物》被選入《後朦朧詩全集》，似乎在第三代詩潮的表揚稿裏也鮮見他的名字。他只是在一九九九年十二月，和樹才等人提出了「第三條道路寫作」的詩歌概念，試圖以一種新的理論來介入詩歌寫作立場的分歧中，強調詩人個體的位置和基本的責任感，建立起一個超越集團、對立的寫作立場。反對一種文化霸權主義和文化專制主義，試圖在思想上容納來自各個價值立場的寫作者及其思想傾向，使得他們能在同一個詩歌氛圍中互相碰撞和平等交流。在審美上容納不同的藝術主張，以不同的詩藝、言說方式、修辭策略來共同豐富當代漢語詩歌的內在品質。任何主張都有當時的背景，在我看來，莫非是一個與詩潮無關、與詩歌生死相連的獨立詩人，《詞與物》印證著他不善弄潮卻總是站在高處的特點。

每次見到莫非，他的手中永遠端著專業相機，在哢嚓哢嚓快門的按動聲中，記錄著所見過的人和物。不久前的一次聚會上，他興致極高，讓我搔首弄姿地擺出各種姿勢，甚至還讓我穿上別人的衣服，然後他不厭其煩地從不同角度進行拍攝。他經常把帽沿向後一轉，隨時能拍出絕倫的美圖，這讓我心生羨慕，所以去年在東京秋葉原閒逛時，毫不猶豫地買下一台長鏡頭的新款相機。買下相機之後，我的腦海裏反復出現莫非拍照的姿勢，特別是他閉上左眼，用右眼觀看取景孔時常常咧著嘴的專注樣子。心想以後咱也挎著相機，遇見美女就照，可我缺乏莫非那種持之以恆、精益求精的決心。見到莫非時我告訴他新買相機的型號，他微微點頭，充分肯定這樣的相機對於初學者已經足夠。

或許是童年戲耍於北海公園的緣故，莫非的職業似乎命中註定地與園林相關。最早的時候他手舞剪刀，剪裁植物上多餘的部分，梳理著北京的容顏。他在勞動中觀察萬物的形態，在四季轉換中感受萬物的喜與悲，他的「園丁」身份不容置疑。「向日葵沉入樹叢／收進去的光線太黯淡／通過正午的時間／大地撲面而來」，「是白蠟樹點亮的早晨／驚動的鳥兒飛向四周／在聲音裏藏匿的事物／你就別想還能叫住它」，「各種無益的昆蟲飛翔／幾乎使你洞察人的渺小／在黃昏將臨的時刻／隱居者的視窗多麼明亮」。其實莫非更多時間是在辦公室裏讀書養神，而下班之後，整個夜晚由他自由地支配，喜歡獨處的他於午夜的寂靜中在白紙上寫下思考的詩句。

二〇〇七年莫非等十幾位詩人在哈爾濱聯名簽署發佈了《天問詩歌公約》，其中「詩人是自然之子。一個詩人必須認識二十四種以上的植物。我們反對轉基因」條款應該出自莫非之手，他對植物的熱愛，或者對自然的熱愛，讓這個公約充滿園林的色彩。「他早就替自己做了打算／被一個園丁認准的去處／只能是越過籬牆／最完整的園子還在後面」。北京紫竹院早已取消門票，即便常常經過它的大門，我幾乎沒有動過深入其中的念頭。而莫非似乎因為工作地點的關係，他每天像是在紫竹院裏上班，從一片落葉到即將封凍的湖面襯托的倒影，他以詩人的悲憫和博愛的情懷，把常人視而不見的場景攝入自己的鏡頭裏。他保持著一貫的寫作風格，不受潮流和時尚的裹挾，寂靜而低調地在人生的兩大園林中，即自然的園林和生命的園林，不斷用鏡頭和白紙記錄著自己的思考。

取景器是空的。有性格的莫非人到中年變得達觀：「到了一定年齡的人／有些事就要成全他／應該掌握的工具／恰恰是簡單的工具／你喊吧／你們一起喊／／裝進罐了裏的碎片／也是了不起的／／越來越尖銳／越來越沒有用」。近年來他的作品被譯成英、法、德、義大利、西班牙、佛萊芒、希臘、阿拉伯、羅馬尼亞、捷克等多國語言，在海外發表、出版，還曾應邀參加法國巴黎第四屆國際詩節和巴黎「歐洲詩會」。我並不關心詩會的盛況，倒想問問他在洋溢浪漫主義的塞納河畔，順著開滿鮮花的陽臺，是否與一個法蘭西白衣女子深情地對視過。

莫非說，詩人都是語言深處哭泣的孩子。他是始終生活於鮮活的植物中間，始終觸摸靈性萬物的園丁，他的詩更自然可信。

李夢

生命已宣告枯水

李夢在讀大學前，名字叫李勇，在讀大學時，名字叫李飄鴻，大學畢業後改叫李夢。是否還曾叫過其他的名字，我不得而知。

上初中時，我在當年《紅小兵》雜誌上讀到一篇叫《劉小闖》的小說，其反潮流的內容並無新意，吸引我的卻是小說的作者，他竟是一名和我年齡相仿的中學生。這令我十分好奇，按著雜誌上印著的學校地址，我給他寄去一封討教的信。那個人就是李夢，當時他在黑龍江省虎林縣二中在讀。他很快回信，以一種居高臨下的沉穩口氣，鼓勵我拿起筆，嘗試寫寫小說。那個暑假我把自己圈在家裏，非常認真地寫出數篇幼稚

◀李夢（左）與蘇歷銘

的小說，之後寄給幾家少年文學雜誌，但都泥牛入海，沒有任何回音。

李夢寄來過一張蹲在雪地上的照片，右手搭在落滿積雪的松枝上。他的字寫得還算漂亮，清秀的蠅頭小楷，只是在信中經常引經據典，令我萌生些許自卑。當時他從一所中專學校退學，大我三歲的他與我參加同屆高考，在填報大學志願前，他來信希望我們都能考到長春。我遵守承諾，考入吉林大學經濟系，他相差數分，考入東北師大中文系。

按照事先約定，在報到安頓之後，我便去東北師大宿舍樓見他。第一次見面，他就滔滔不絕地縱論今古，顯得滿腹經綸，還抱怨我選錯專業，應該選擇中文系，共同實現作家之夢。沒過幾天他約我參觀教學樓裏貼滿牆壁的詩報，其中有徐國靜、鄧萬鵬、鄭道遠等人的作品，他被這些詩作鼓舞著，眼睛裏閃爍出青春的光芒。此時似乎他儼然成為一名詩人，雖然他那時還沒寫出過一首詩。對於上世紀八十年代進入大學的學子而言，詩，是時代特殊的集體語言。一個入冬後的下午，他翻過圍牆在圖書館旁邊的教學樓裏找到我，異常興奮地向我傳遞幾個同道者準備出版油印詩刊的消息。那時李夢足夠謙虛，他為這本詩刊起名為《滴》，寓意是浩瀚大海中的一滴水。其實我們都被新詩潮的波瀾影響著，他逼迫我必須寫出五首詩，在指定的時間內交到他的手上。這是我們第一次嘗試詩歌寫作，那時他20歲，我17歲。

李夢是個古典文學功底深厚的人，經常把之乎者也掛在嘴上，同時崇尚美學和哲學，漸漸地一派資深學者的打扮，比如天還不冷時就圍上圍巾，裝扮成五四青年的樣子。或許少年時代已經發表小說的經歷作祟，他在校園裏經常目中無人，似乎他即將橫行於中國文壇之上。現在我還在想，如果當年沒和李夢同城讀書，我是否能夠選擇詩歌作為自己一生的熱愛呢？萬事無法回溯，李夢的癲狂導致我嚴重不務正業，甚至產生過轉到中文系讀書的想法。週末的時候，他經常喊我到東北師大去，那時迪斯可正風靡校園，他們把宿舍變成舞池，邀來一群中文系女同學，共同宣洩著青春期過剩的精力。我算是當屆考生中年紀偏小的一個，他們視我為無知少年，每次狂舞時，他們就讓我爬到宿舍的上鋪去，目睹他們近似於瘋狂的激情表演。

李夢對文學界否定傳統的聲音充滿警惕，他並不認為朦朧詩不可超越，堅持古典文學才是中國詩歌的根。應該說，他數量不多的詩作中，古典遺風彌漫於他的字裏行間，如曾迷倒不少情竇初開的女大學生們《南國少女》就是典型的一首：「黃泥牆畔走近又走遠的悄悄足音啊／一朵風荷般的薄傘／低舉著，盛開在細雨黃昏／朋友，她是孤獨的行旅嗎／輕輕地遠了／乳白色的裙裾滴落黃梅雨的叮嚀」。據有關大學生詩歌文獻記載，說他進入大學後開始從事詩歌創作，並積極投身於八十年代轟轟烈烈的校園詩歌運動，先後在《青年詩人》等有影響的詩歌報刊發表風格清新優美的作品，很快就在大學生詩壇嶄露頭角，成為八十年代中期吉林大學生詩人代表人物。大學期間，他和同在長春讀書的包臨軒、朱凌波、黃雲鶴等人交往甚密，彼此兄弟相稱，大家自覺把年長於我們的他看成兄長。很快我們的兄長就勾搭上女同學，花前月下地過起準夫妻生活，這令我們相當絕望。

李夢的文學夢想具有強烈的自閉特徵，他在嬗變的時代裏恪守傳統的禮數，刻意拒絕新思潮的影響，甘願在自己認定的文學信仰裏做孤獨的英雄。他曾說過：「寫詩，在這個時代，是一次非理智的擲賭。雖然不需勇氣，但卻要付出代價。在酒神受寵的今天，繆斯被我們崇拜著。她們是神明，我們是犧牲。藝術本來就是祭祀，不用牛羊，而是一顆拳拳之心。詩是甘於寂寞的，但不寂寞的是寫詩的人。竟有無數形同你我的青年，蜂擁在通向詩歌王國的崎嶇小路上，沿著天才們的足跡尋找上達神殿的途徑。我們走在中間並不孤獨。希望在潘朵拉的箱子裏鎖著正是我們缺少的。所以大家都在尋找。藝術宮殿的大門誰都可以窺探，既可以縮小自己的容量，從門縫中溜進去，雖不夠刺激但也滿足虛榮，也可以重扣猛擊，以振聾發聵之勢排闥而入，像一個權威和主人」。他與包臨軒、朱凌波、黃雲鶴和我一起出版地下詩集《北方沒有上帝》後，便徹底訣別詩歌，決絕地遠離文學，尾隨那女同學私奔到吉林某縣安家落戶。他是我們中間最有文采的一個，本可以浪得虛名，在詩歌江湖上招搖旌旗，卻嘎然停止於愛情的虛幻中，把文學情緣切割得乾乾淨淨。

不久前在清華大學見到他的中學同學劉蘇裏，這位萬聖書園的掌門人談起往事時，還追憶當年他們少年時代一起在虎林二中耀武揚威的細節。我有時也迷惑，究竟是李夢自絕於文學，還是文學棄他而去呢？中國詩界當然不會因李夢的缺席而失色，也不會因為李夢的參與而大放光彩。有多少擁有文學夢想的青年，他們最終放棄夢想，隱身於人海之中，他們是否甘心，是否在心底依舊綻放藍色之光，是一個無需破解的謎團。生活就是這樣，每個人都在日常的瑣碎細節中找到自己的支點，崇高或卑微並不重要，關鍵是內心擁有真正的愉悅，我很難斷言李夢是愉悅的人。

現在，李夢守著鏡泊湖過著閑雲野鶴的自在生活，不久前在電話裏透露自己正在寫電視劇的消息，邀請我夏天時去鏡泊湖，一起看看從天而降的瀑布。

鬱鬱

詩篇堆成愛情的柴禾

鬱鬱說，上世紀八十年代我們曾經在北京見過面，可我竟然沒有絲毫的印象，我卻記得第一次見到鬱鬱是在上海南京路和江寧路上的星期五文化茶座。那天他在入口處兜售他的地下詩刊，有人指給我看，說他是社會上無業詩人鬱鬱。其間我們打過招呼，他彬彬有禮的樣子給我留下深刻的印象，以至於我們分別多年後我的腦子裏仍舊是他當年的形象。鬱鬱似乎沒有太大的變化，這或許和他一直單身有關。當年他和孟浪、冰釋之約定獻身詩歌，一輩子不結婚，結果，冰釋之第一個經不起誘惑叛變約定，孟浪最後也

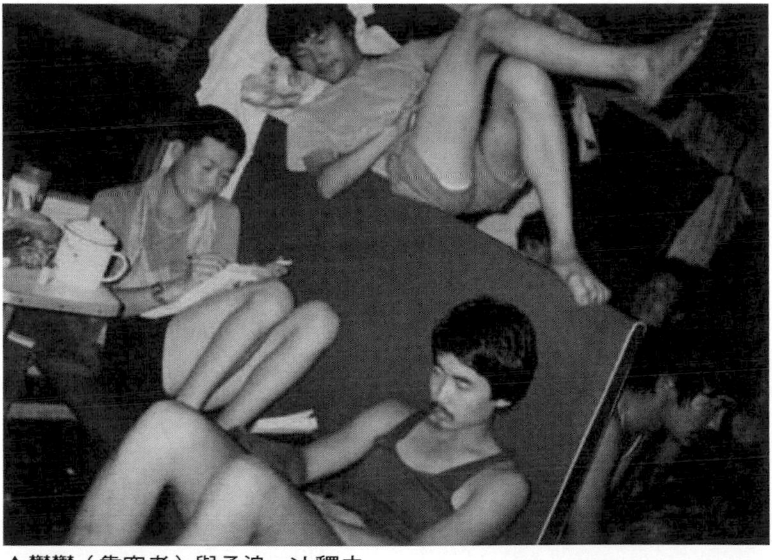

▲鬱鬱（靠窗者）與孟浪、冰釋之

沒能遵守約定在香港步入婚姻的圍城，只有鬱鬱一直獨身。二○○七年夏天，在默默生日的家宴上，我詢問鬱鬱是否還要獨身下去，他詭秘一笑，像是並未把獨身堅持到底的樣子。

驗證一個詩人的真偽，有時不能只靠作品，而應放在歲月的長河中驗證其真實的面目。鬱鬱自八○年代初，即與孟浪、冰釋之等人創辦《大陸》和《海上》民刊，他極其反對在官方雜誌上公開發表作品，時隔多年還說我時常在主流詩刊發表作品，有悖於第三代詩人最顯著的標誌——地下性。或許是因為我當年投身於大學生詩歌運動的緣故，和地下詩人自然存在著群體的差異，這種差異只能退回時間的原點來解決，而時光又無法倒流。每個人都應該洗去鉛華和暗光，況且我壓根就沒有官方和民間的意識，天下詩人以詩論道，有些界定應該在時間中驗證我們各自的判斷。

每次見到鬱鬱，總是讓我產生親切的感覺。他說過：「大詩人愛朋友，小詩人愛自己」，這些年來，他把朋友作為地區的標誌，足跡遍佈祖國大地。前些天在太原聽當地的詩人講，他酒後竄上太原的大街上，指揮來往車輛一度使交通出現混亂。儘管上海這座國際化都市令他充滿格調和品位，比如在公開場合喜歡穿著襯衫，但他骨子裏詩人散漫自由的天性，使他經常離開寶山傳統的據點，從南到北，從東到西，雲遊天下尋找詩歌的朋友。在商業社會裏，鬱鬱一直處於讀書、寫作的安靜狀態，在嬗變的時代裏他始終堅持最初的方向。

去年秋天我收到鬱鬱最新推出的《大陸》民刊，其中冰釋之、孟浪、默默等人撰寫大量回憶文章，讓我詳細瞭解了他們當年的窘境與快樂，也深刻理解了他們當年的艱難與尊嚴。應該說，鬱鬱是八十年代民間獨立自由寫作和詩歌民刊的堅守者，時隔多年，他復刊《大陸》民刊，仍舊以飽滿的熱忱繼續延伸中國地下詩歌的活動，這本身也是一件血脈中無法改變的事實。他是自由的追求者，同時又是自由的奴隸，在多元的現實裏，自由遠比當年來得容易，但精神上的自由似乎是一道永遠難解的命題。

「十二月，你們始終把自己忙碌成螞蟻，而我／也必須在開始和結束之間尋找突破／／十二月，我試圖割斷那些煩人的枝蔓／它們無法成為我生前的喝彩和死後的花環／／十二月，我總會想起遙遠的十二月黨人／他們心愛的長髮是俄羅斯上空的雪花／／十二月，喜慶的習俗覆蓋了深重的苦難／我悄悄地撤離不看最終的樂極生悲／／十二月，老但丁為他心愛的貝德麗采／點著了一生的蠟燭，然後神曲一樣地合上眼睛／／十二月，我零亂的詩篇堆成愛情的柴禾／一邊燃燒一邊朗讀，溫暖我自己的心緒」。讀鬱鬱的詩，我總是浮現他健談的表情，正像他的朋友評價的那樣：「鬱鬱的詩歌有著鏗鏘的音韻和綿長的音律，猶如歌劇中的宣敘調，在朗朗上口的話語式語調中暗藏著雄辯。這是史詩的基調之一（雖然這是一本短詩選，這一特色依然得到了鮮明的體現）。我猜想，形成這一詩歌特徵的原因並非是他出於對行吟時代詩歌範本崇敬的結果，而是他性情與氣質的使然。無疑，這是一種輝煌的詩性。但他通過這一基調顯露出來的詩歌內蘊，即詩人對人生的基本看法，卻是悲觀的……他詩中最鮮明的特徵，即遍佈詩中的痛苦感、憤懣情緒和生命的沉痛意識；但這一切卻是以熱烈、滾燙的詩句來表達的。他的詩是在燦爛調性中鑲嵌著陰鬱色調，濃重的色塊加上連綿、迴旋的語句，使得詩句有如暗紅色的熔岩在流淌，顯示著他一貫具有的澎湃激情、灼熱靈魂和悲劇感。」

鬱鬱不屑於時代詩人的稱謂，他自出道伊始即選擇主動邊緣的狀態，他始終居住在寶山，與上海保持著距離，他始終忠實於內心，與時代保持著距離，這或許讓他無比清醒，或許讓他在清醒中逐漸迷失。他的憂鬱和憤怒均來自生活中日常的細節，這印證他選擇邊緣卻沒有遠離現實，他天然的批判精神致使他的詩歌風格總在突破表像而直指本質，因此他的吶喊需要安靜傾聽，才能透過詞語觸及他的內心。

鬱鬱曾說，這個世界是不乾淨的，是藝術試圖營造出美的理想以遮蔽世間的瑕疵。鬱鬱顯然在努力塗抹或者塗改這個不乾淨的世界，其結果他發現這個世界會越來越不乾淨，這樣他會繼續寫出新的詩篇，以此希望掩飾和痊癒人類的傷口。詩歌能癒合這些傷口嗎？儘管期待這樣美好的願望，而我心中產生更大的疑問。

有一次去默默的撒嬌詩院，趕上非亞從廣西南寧來，時隔多年，我們彼此清楚記得在清華大學見面的情景。默默讓阿姨準備了一桌子上海本幫菜，大家動筷開吃之後，鬱鬱才睡眼惺忪地從臥室裏出來，他顯然又打了一夜的麻將。我不會打麻將，但我知道它是帶來快樂的一種玩法。詩既不是時代的號角，也不可能是醫治人類傷痛的良藥。其實有時應該放鬆下來，把詩也當成另外的一種玩法，是否可以讓緊鎖的眉頭舒展開來呢？

曾宏

隔著一塊玻璃和雨睡在一起

二〇一二年春天，曾宏在微博短信裏留訊息，他說自己短暫北漂，棲身於北京朝陽區雙井橋某座公寓，並附有房間電話和手機號碼。詩人永遠是一個特殊群體，僅憑相知的詩名就足以跨越時空的陌生，即便素未謀面卻似經年未見的兄弟。因為詩歌版本學家劉福春住的離他很近，去之前我即約上福春兄一同前往曾宏的住處喝茶。福建人喝茶相當講究，曾宏也不例外，他不厭其煩地往小茶杯裏斟茶，這讓習慣於牛飲的東北土著感到對茶文化理解上的缺

◀曾宏

失。北京已經變暖，那晚我們圍坐在小茶几邊，漫談散落於時空間的故事，人與詩的交集，世事的共同認知，話題天南海北地快樂蔓延。

最早知道曾宏的詩名，緣於一九八六年詩歌大展的同台展示，印象中他和呂德安等人以「星期五詩群」之名義登場，其中有他的《旅程》、《冬夜咖啡館》、《一朵花》等三首詩。而呂德安則於前一年在北京見過，當時我和華海慶在甘家口物資禮堂組辦過一次詩歌朗誦會，呂德安與友人到場，友人特意做了引介。呂德安安靜的面孔至今清晰無比。那天與會詩人巨多，匆忙打過招呼後便消失於各自的生活之中。八六年詩歌大展之後，曾宏也不活躍，他潛伏於外省的日常生活裏，從未浮於詩歌的表面。他寫他的詩，過他的日子。

在一篇曾宏與張文質的對話中，我瞭解到他的生活軌跡和心路歷程，當然這不可能是他的全部。他是一個非介入者，主動或被動地選擇詩的邊緣地帶，看著山頭林立熱鬧異常的詩壇，他寧願躲遠熱愛著自己的熱愛，或許這就是熱愛的最高境界。福州不能算大，但在近些年之前，他很少在各種詩歌活動場面中出現。不應酬，不入協會或社團（除了「星期五」朋友圈），這或許是安靜低調的性格使然，也或許是有意回避著人際喧囂和虛名的紛擾。無論詩歌的話語權在誰手裏，也無論這集子那書刊有多熱鬧，更無論外界的誘惑有多麼直接，他始終都在堅守自己的詩歌理念——樸素、真實、大氣地寫個人的人世理解和生命感受。也因如此，那些八九十年代他所寫的詩歌，在今天仍被刊登和轉載。不被時尚和潮流所左右，是真詩人的基本品質。

曾宏在十六歲母親去世後，補員進了一家工廠當機修工。一待就是十三年。在這期間周圍的老工人們，給他身上注入了底層人民的一些品格——堅忍、吃苦、默默的反抗精神。這位出身於知識份子家庭的青年，因為過早地結束自己的學習生涯，在其內心深處總是懷有一份其他工友所沒有的夢想——有朝一日要跳出牢籠。上世紀一九七〇年代末，全民熱火朝天學習的風氣也席捲福州，他非常興奮地報名參加了夜校補習班。在此之前，他所受的文化教育等同於今天的小學四年級而已。

上世紀八十年代初，北島、顧城、舒婷等朦朧詩人的崛起，影響了相當數量的文學青年。曾宏在和夜校老師談論小說習作時，被老師家的拜倫、海涅、歌德等詩人的詩集所吸引，從此向詩歌靠近。他說，「老師認為從抒情詩開始接近詩歌的是比較容易的。我寫詩是突然的，當時感到了人生的惡劣和黑暗。有一天和老師聊到快十二點，雨下得非常大，騎車，路過大橋時，看到對面的車車燈閃亮地開過來，那麼嚴酷的環境裏面出現了一盞燈，不管他是什麼燈，那是一種象徵。之後回家寫了第一首半文半白的詩叫《雨夜》，現在這首詩已經沒了。第二天我路過老師家，把它塞到門縫裏，過幾天他就跟我說，你這人寫詩是合適的，你寫詩會比寫小說寫得好，然後就整個一下子放到寫詩上去了。然後就開始寫一些很對他胃口的東西，他胃口很正，他說你可以寫一些白描詩，寫一些觀察事物的詩，後來就寫了《螞蟻》之類的，當時看了里爾克的《豹》。」曾宏的文學啟蒙人——夜校初中補習班老師，是一個西方現代派文學作品的熱心閱讀者和文學理想的失落者。他們常在一起喝酒並大談所謂的人生、黑暗、孤獨、掙扎、荒誕、地獄等等。老師以文學過來人和社會老閱歷的身份告訴他：這世界處處充滿了黑暗！這種說法一定給熱衷於青春情調「小說」的曾宏帶來內心的衝擊。從此他躲進工廠的更衣室裏嘗試寫詩，小房間雖然暗，卻已無法阻攔他那穿越黑暗的詩歌目光。

應當說曾宏也是一九八〇年代詩歌最早的一個見證人，他經歷了福州《星期五》、《野煙》、《新大陸》等最重要的詩社。他談到《新大陸》時，一反記憶力不佳的說法，清晰談起三十年前的往事：他最早認識的福州詩人魯亢是第一個對他《躍上岸的魚》薄詩集進行評價的人，至今還保留著那封美好的信。最初，他在《福建文學》、《海峽》等文學刊物上發表作品，獲得了一些初學者必然的喜悅。而在一九八四年後，他卻突然不再向官辦刊物投稿而把詩歌的目光投向民間刊物。至今他覺得這條路他走對了！不為發表而只寫心目中純粹的詩歌。他懷念詩歌的八十年代，「歷史的進程中，有時候是時代造英雄，有時候是英雄造時代。當然都因了某種契機。某些英雄在某個局部他整整影響了一整代甚至成為歷史的印記。」上夜校時，曾宏曾聽過孫紹振的課，晚上和孫紹振一起騎自行車回家。孫對他說，寫詩的同時，也可以寫一些散文，所有優秀的詩人沒有寫不好散文的。曾宏把當時寫的詩給他批閱，孫在他的詩稿上批註得密密麻麻的，很是表揚。詩人是需要激勵的，也需要助力，既有來自詩友魯亢的表揚，又有後來成為大師的老師激勵，無疑使他在自學成才的道路上更加努力。自此開始注重語言的訓練，使詩歌有一種細膩的敍事的特質。他很早就擅長白描手法，認為外部觀察、形象描寫的能力是一個寫作者最基本的素質，而現在寫詩的人已經根本不在乎這種手段。

他是寫詩三十多年從來就不分過去和現在之詩人，這與所謂進步並無關係，相反驗證著詩人一貫的寫作方向，無非是一個階段，又一個階段在認識上不同以後，在詩歌裏所產生的一些在內容上的、認識上的、感覺上的一些變化。他是每過一段時間就會有意的破壞自己原先固有的一種感覺和模式，一段一段寫出來要有自己新的東西，儘管表面上看來可能變化不大，長句、短句、有時候抒情一點、有時候寫實一點，基本上每次都要打破原有的，必須要有新的嘗試，即每一個作品都是一個新的起點。在解釋詩集為什麼叫做《旅程》時，他說：「我本來想我一生只寫一部旅程，只寫這一部，就像惠特曼的《草葉集》一樣……這是一種非常自覺的想法，因為你一開始寫詩，寫了一段以後，你就找准了自己要怎麼走這條路，就是記錄自己個人的心靈，個人的生活。」「在詩歌藝術的追求上面，你永遠都是應該變的，你要是不變的話我覺得太沒趣了，寫詩就失去了意義。為什麼我們必須選擇詩歌來做自己最好的伴侶，一起行走人生，就是我跟它的確是氣味相投，詩歌那麼的得心應手就像朋友一樣，這是沒辦法的事情。我昨天還在思考，每個人的寫作目的可能是不太一樣的，但是有很多的時候又是一樣的，這是逃不過的。」

曾宏說，他是一個記憶力特別不好的人，卓美輝問他過去有沒有最羞愧、最懊悔的往事，他竟然什麼都不記得了。一個曾在人生底層和財經及職業經理人界打拼之人的記憶力不會那麼差吧，或許他在特別回避著某些東西，或許是一種智慧的生活態度：不總結過去，活在當下，可能會使心態一直保持在最好的狀態。

我贊同曾宏的觀點：「我向來感到詩歌是非常個人化的，由於熱愛和信仰，才變成廣大的事業。我傾向於微觀、內省的世界，甚至把詩當作自己心靈的日記，記錄下對這個人間的感受、體驗、冥思和無所不在的想像。十數年來我能沉得往氣，執著地堅持，大概是因為詩成了時空之鏡，不僅照耀個人，也為我照見了人生和世界、過去與未來；它成了我生存的必需品……」

陳琛

坐在樹下洗牌

說陳琛是詩歌的看客，似乎並不準確，因為他在上世紀八十年代即開始寫作，且在冰天雪地的長春，創辦頗具影響力的《現代詩》雜誌。陳琛在主編這本雜誌之前，基本上屬於自主創作，即把文字分行，在每段結尾處尋找韻腳。他慕名拜訪同城的大詩人郭力家，懇請老家出馬為雜誌發展獻計獻策。而郭力家，第一次見面時就提出自己的稿費問題，要求一首詩一百元，這在二十幾年前無疑是民刊詩歌稿費的天價，當陳琛應允下來後，郭力家垂落的眼皮瞬間張開。現在，偶爾談到當年詩刊艱辛

▲陳琛（前坐者）與西娃

的時候，陳琛會十分動情地回憶徐敬亞、呂貴品、曲有源等知名詩人無私的支持，使得這本民刊堅持編輯和發行十期。

第一次見到陳琛，是一九九九年初夏在北京的惠橋飯店，那時他已從長春出逃多年，與萬夏、張小波、李亞偉、郭力家等人成為流竄於京城圖書領域的詩人書商。拿他自己的話說：「我窮得只剩下笑容／褲兜裏的零錢被老婆搜刮一空／房子也被開發商開發成了商店／丈母娘的眼神逼我出走／我滿腦子都是『王成緊握爆破筒』／趁黑夜我鑽進了南下的列車那一刻開始我便重新／放開手腳地做了一回人」。野夫受人之托負責編輯和發行我的個人詩集《有鳥飛過》，印刷前夕約我去設計室看最後的清樣，去後我才知道那裏是他們這黨人共用的一間辦公室，一起在二渠道廝混多年了。陳琛的臉比任何人都大，像是東北沃野裏油汪汪的良田，他的臉上奔跑著透明的光亮，眼睛裏總是蘊藏著無邪的笑容。他讓我叫他「陳胖子」，而我對初次見面的人大都保持得體的禮貌，並沒有直呼他的雅號，這似乎讓他產生距離感。之後數次見到陳琛，都是在公共場合，每次他都熱情邀我去他的辦公室，說把新出版的圖書悉數送我。

二〇〇三年聖誕夜，在北京小營路的上島咖啡店裏，京城裏「體面的和不體面的」、「逃稅的和不逃稅的」一百多位文化人士熱鬧聚會，慶祝一位朋友的婚禮。雖說上島咖啡店不見得有多高的檔次，但在詩人們即興朗誦和表演的中間，突然被一對打扮得極其誇張的二人轉演員改變了氣氛，渾素搭配的唱腔和對白讓當晚在座的人紛紛笑翻。領著他們入場的人，就是陳琛。而陳琛相當講究，按照民間習慣往那倆人手中塞了禮金，那倆演員撒歡似地賣力展示著土得掉渣的演藝。陳琛之大雅大俗，完全基於他的原生態性情，低調地出手，掌聲中出局，他只想在時代的邊緣做個地道的好人。

陳琛是東北大漢的典型代表，天生具備鐵餅運動員的素質，但他的手，並沒有把鐵餅拋向藍天，在當年文化氾濫的大潮中竟握起纖細的筆桿。「陳琛的臉在結構和佈局上主要落實了中國傳統文化精神的兩個字：正派」，郭力家還說，「這張臉重合同、守信用，基本上按照社會主義人生的總要求，採取積極穩健的《新聞聯播》的速度又好又快地向前發展著自己臉上的每一天。」除此之外，我覺得他的臉是內心深處的真實寫照：厚道。在我辭去公職下崗休息之後，陳胖子更是主動邀請我去他宣武門的辦公室喝茶，每次他都按照茶道的程式沏茶，我經常喝到他櫃子裏珍藏的上好茶葉。我的第二本個人詩集《陌生的鑰匙》由他一手設計裝幀和印刷，但他把我的意見置於一邊而不顧，字體和封面非得堅持他的意見，我倒落得省心省力，直到他派人把詩集送到我的家中。我曾寫過一首詩《陳胖子》，力圖真實描述他的狀態：「陳胖子是長春人／卻喜歡普洱，並用小杯子不厭其煩地斟茶／／陳胖子長得一副勞動人民的骨骼／卻喜歡《讀書》雜誌，並用小手指輕輕地翻頁／／陳胖子的桌子上堆滿雜物／卻能從中準確地找出圖書，並小聲說，書名燙金就是漂亮……陳胖子的辦公室其實很小／卻在牆壁上懸掛巨幅的中國地圖……陳胖子年輕時曾是綠林好漢／現在卻是俠骨柔情，並在感動的小說里弄紅自己的眼睛」。

他聲稱自己並非真正意義上的詩人，只是在理想主義橫行的年代裏學會了把文字分行，這是他一貫的謙虛品格，其實他對詩歌的態度遠遠超出他的說辭。現在他自己仍然在寫，只是僅限於朋友的閱讀範圍，或者說，大都是送給朋友間詩歌的答和。除了郭力家、任白、馬輝、董瑞光、秀枝這些本鄉本土的詩人之外，他格外推崇死黨李亞偉的詩。他有時躺在辦公桌對面的沙發上閱讀詩集，對當下氾濫的詩情持有理性的沉默，他滿足於看客的角色，這讓他的餘光偶爾關注著當年的熱愛。他對我堅持始終的詩歌寫作，總是予以必要的幫助，但不斷地勸我儘早投入本職工作，以便讓工作替代詩歌的熱情，切不可陷入詩歌虛幻的江湖之中。

去年陳胖子送我一套季羨林主編的《傳世藏書》，這套價值不菲的巨著橫貫古今，但不適合閱讀，每一冊都會壓痛我的胳膊，我只能空出一面牆把它們當作體面的擺設。陳胖子是個理想主義和浪漫主義結合未到位的龐然大物，他的屁股把他的桑塔納坐得破爛不堪。他苦惱著現實，憧憬著飛翔，想在有生之年做出一番驚天偉業，又渴望在兩年後去麗江經營一個茶館。他是一個天性自由的人，如果當年闖蕩北京是一次靈魂的解放，他註定還會再有嬗變，讓自己的餘生更貼近旅途上沉澱的夢想。

我不知道他最終能否在麗江出現，不過我贊同這樣的想法：「人生確實很好，很值得活上一回，但也確實值得為了某一目標去死一回。」況且還不是去死，那就期待他徹底的解放，我順勢答應他屆時我將經常出現在他的茶館裏。

包臨軒

詩意漫過藍色方格

正像徐敬亞說的那樣，大學時代我和包臨軒的名字總是連在一起。包臨軒和我同屆，但系別不同，他讀哲學，我的專業則是國民經濟管理。那時他在文科樓的宣傳欄上經常張貼詩稿，在吉林大學校園中享有相當的盛名。和他相識後的暑假裏，這位善於寫信的校園詩人曾寫信給我：「繆斯的手把我們牽在一起的日子還很短，但是我感到我們這兩顆年輕的心在相

▲包臨軒

識之前，事實上早已互相碰撞。因為我們的經歷、我們的志願、我們的性格是那樣令人驚喜地不謀而合，我懂得，在我們之間，只有開始，而沒有結束，人們無不欽羨愛情的柔美動人，但我可以向那些熱戀的男女們宣佈，我們詩歌的兄弟友誼將使你們的愛情失去嫵媚的色調，因為我們的志願是同那直上雲天的鷹翼連在一起的。」當年的包臨軒一頭秀髮，似乎還有些自然卷，加上偶爾露出的小虎牙，著實令一些女生產生過遐想。他總是夾著黑格爾的著作，在解放思想的年代裏，招搖過市般地穿行於圖書館長長的走廊裏。我懷疑他在鞋底釘了鐵掌，每當經過木質樓板，必然長久地回蕩起他馬蹄般的足音，吸引了眾多女自習者心不在焉的目光。

在大學裏，包臨軒對詩歌的態度相當狂熱，每次寫完詩作之後，一定要約我去圖書館自習大廳旁邊的水房裏，聆聽他的朗誦。包臨軒喜歡朗誦，略帶東北腔調的口音，飽含詩歌激情的語調，特別是水房裏產生磁性的回聲，彌補了詩歌本身幼稚的缺憾。整個大學時代，我們互相感染和激勵著，與同在長春讀書的朱凌波、李夢和黃雲鶴等人，共同熱衷於學院詩歌的創作。

一九八三年，在被指派出任《北極星》主編後，我首先想到包臨軒，請他共同參與創辦。並一起開設「遙遙的星光」專欄，刊登校外學院詩人的作品。本來在那一期已經決定刊登朱凌波的詩，可出於對朱凌波對性大膽描寫的偏見，包臨軒義正言辭地堅決反對，以至於事後朱凌波翻閱出刊後的雜誌，表情極為尷尬。《北極星》創刊號的刊首語是著名化學家、校長唐敖慶親筆書寫，他寄語青年學子要以這本雜誌做為陣地，充分展開學術討論，培養自由、嚴謹和務實的學風。也許是因為我和包臨軒個人的偏好，決定第二期做成文學專號，並請中文系主任公木主筆刊首語。在編輯的過程中，我驚奇地發現物理系劉奇華（野舟）令人耳目一新的詩歌作品，至今彼此都還記得當時用我剛取來的《飛天》稿費，在學校附近的小館把酒談詩。野舟的詩歌大氣、深邃和詭異，他始終被埋沒於詩歌的塵土裏。張鋒、鹿玲、安春海、於維東、丁宗皓、杜笑岩、杜曉明、高唐、野舟、杜占明、伐柯、馬大勇等各系學生，利用《北極星》雜誌，把吉林大學詩歌創作推向又一個高峰，但也無情地終結了吉林大學詩歌的鼎盛時代。他們是一群破壞者，就像飛蛾撲火，瞬間的璀璨和燃燒，並沒有持久的光亮。之後他們個人大都陷入創作的沉寂，或許也有人間斷地寫作，但他們消失於公眾的視野之外，或者說是淡出詩歌之外。二〇〇五年一家中日雙語雜誌約我編組吉林大學的詩稿，我盡可能地選編徐敬亞之後的代表性作品，雖然各個時期都有作品入選，但走失的感覺一直是我對吉林大學詩歌的總體認識。

那時他和于堅、封新成、菲可等人多有聯繫，也曾與延邊「螢」詩社的趙春玲通信。看著趙春玲娟秀的筆跡，我們曾猜想過她的容貌，也想過索要一張照片目睹芳容，又怕誤解最終放棄這個念頭。二〇〇三年夏天，我和徐敬亞、朱凌波曾往安圖，在那裏我突然想起畢業後杳無音信的趙春玲就是安圖人，我們見著當地人就打聽是否認識叫趙春玲的人。後來在姜英文的博客鏈結中偶然發現她的博客，才知道她隨丈夫遷居寧波多年，難能可貴的是，她還在繼續她的詩歌之夢。我在想，有多少像趙春玲這樣的詩人呢，他們不進入詩界，一直純淨地棲居於詩意之中。

記得包臨軒和我的詩作曾同期在《青年詩人》上發表，分別收到梅河口一個文學女青年的來信。那時臨近大學畢業，那個女孩子隨後寄來維納斯石膏像，作為送行的禮品。我先從郵局取回，在返回圖書館的路上，看見包臨軒也夾著一個紙箱興沖沖地迎面而來。毫無疑問，一模一樣的紙箱裏也裝著維納斯石膏像。他肯定以為只有他有，在我追問取的什麼時，他含糊地說家裏寄來點東西，我佯裝相信，走出很遠，回頭對著包臨軒高喊：「哈哈，那是維納斯！」我清楚地記得他一臉愕然，用手撓頭，極其尷尬地傻笑。

包臨軒的書法極濫，辨認他的字體有時必須需要相當的耐心，按楊榴紅的說法，包臨軒的字跡基本上是在喝醉後寫的。他每次外投詩稿，總來找我，對此他在回憶往事的文章中清楚地寫過，「我大學時代的寫作直至發表作品，都和歷銘有關，除了彼此切磋，由於我的字寫得很差，潦草不堪，他還不厭其煩地幫我謄抄詩稿，然後把我的詩和他的作品一塊寄往文學雜誌社。我的處女作，就是由他寄出發表的。」作為校園詩人，包臨軒之優秀是當年見證者有目共睹的，他寫出大量充滿才氣和激情的詩歌，「當我們跨出白綠相間的大學圍牆／在《畢業歌》的迴旋聲中／散落於地北天南／詩的意境／會漫過稿紙的藍色方格／向腳下的土地緩緩擴展／東方將有名作問世。」

但大學畢業之後，他竟毅然決然地停止詩歌寫作，在冰城哈爾濱的省報天鵝副刊，安靜地做起文學編輯。之後他寫過大量文學評論，發現和扶持過不少文學新人。按他的說法，面對混亂的詩壇已經喪失衝動和激情，嬗變的時代裏他選擇與時俱退，對現實中的文學現象缺乏必要的寬容，並且不分青紅皂白地蔑視。

當年的省城黨報裏，除他之外還曾豢養著潘洗塵、張曙光、桑克等優秀的詩人。張曙光的身份首先是個學者，其次才是詩人。他站在現代詩的源頭看水流遠，而自己不過是趟水過河，撩濕自己的褲腳。他是知識份子詩人，這樣的稱謂與所謂論戰沒有任何關聯，這是他自身明顯的特點。他的儒雅和淵博只是一種表像，內心中詩的火焰或許是他真正的品格。他的淡泊和純淨，使他安於寂靜的校園內，在北中國不斷地寫著乾淨的詩篇。

包臨軒的孤傲和居高臨下的態度是出了名的，自恃清高的狀態很容易讓人誤解。有人這樣記述和包臨軒見面的情景：「我到牡丹江和朱凌波在一個小酒家一人捧一瓶啤酒，他提到一個人差點兒把我鼻子氣歪了，他提誰？呸呀，包臨軒。他說他和包臨軒是多年的知心鐵朋友。我說你怎麼能跟那種人是朋友，陰陽怪氣，趾高氣揚，一個仰著兩隻眼鏡片的怪物。我和阿櫓在半年前曾爬到黑龍江日報社的四樓去看包臨軒，而那包臨軒面無表情，用鼻子跟我們哼哼著。話不過三兩句，我和阿櫓起身告辭，他懶洋洋地把我們送到辦公室門口，仰著眼鏡，露著嘴裏的某一顆牙齒。那傢伙並不以為我們是很真誠地想和他交個朋友，而認為我們是來討好一個副刊編輯多發幾首詩歌吧！滿肚子是氣，開始怨阿櫓看誰不好，偏拽我來看他。我很煩那個包臨軒，從骨髓裏往外生髮的煩厭。」可想而知，包臨軒可愛的小虎牙被人描寫得多麼可憎。

這當然是包臨軒的表像，日後成為他摯友的這個人接著敍述包臨軒真實的面目：「在桃山的詩歌討論會上，包臨軒與阿紅等幾位詩人持有不同詩見，他即刻萬箭齊發，以摧枯拉朽，秋風掃落葉之勢，牢不可破地佔據著勝利者的位置，他就成了當時為數不多的現代青年詩人的代言人和角鬥士。」尤其對包臨軒將死黨朱淩波的詩撤下頭題之事上，那人更是感慨：「包臨軒到底沒把他最要好最鐵杆的哥們兒的作品放在頭題位置，從中我看出這個在朋友當中大大咧咧，無甚講究，無甚所謂的包臨軒，在他的職責和工作中會認真地剔除私下的友情成份而在原則和責任上從不模糊。這一真誠對待人和事、情與理的作法，使我在包臨軒的天平上又加上一份尊重的砝碼。」包臨軒就是這樣的人，他愛恨分明，儘管是以自我為中心劃分的愛與憎。「他說起欣賞喜愛之人，是滿面祥雲，眼睛裏飄著暖意與柔和，露出他的許多牙齒。而後再說起他反感鄙視之人，立即眼冒冷光，一臉陰暗，言語刻薄，只露出他的一顆牙齒，像要咬人似的。這就是愛恨黑白兩個迥然不同世界裏的包臨軒。」

這些年裏，我經常見到當年的校園詩人包臨軒，只是他絕口不再談詩，「詩意地生活難道不更有意思嗎？」面對他的反問我啞口無言。是的，詩歌不只是用筆來寫的，用心寫詩，並把詩意洋溢於自己的生活中間，或許是人生另一種美好的狀態。而超越詩歌，與包臨軒成為一生的兄弟，或許是我和他對詩歌最大的感激。現在，包臨軒出任黑龍江省第一大市民報紙的社長，總是為策劃具有衝擊力的選題而嘔心瀝血。之前他送給我一本新近出版的文學評論集《生命的質感》，我翻看時發現，在書的尾部以「詩歌練習冊」為題，收入了大學時代的詩作。拿我們共同的朋友林國臣的話說，把自己的詩作稱為「練習」，怕是包臨軒鮮有的藝術謙遜。大學時代他曾說過：「寫詩很快活。沒了詩，就沒了夢，就沒了笑，人生多蒼白！讓詩本身發表評論也許更好，我不必多說什麼。我是繆斯的兒子，因此我永遠長大不了。望著我，望著我，你淡淡的微笑裏，一定還深藏著許多不知道的東西。我將尋找下去……」事實是，他的詩歌寫作終止於青春期寫作，之後所有的文字不構成文學作品的意義，他是詩歌的過客。至於他宣稱自己是繆斯的兒子，在我看來，他最多是繆斯的外甥，不過，是親外甥而已。

程寶林

消失在赭黃的地平線

程寶林的可愛之處就是木訥的外表後面，隱藏著敏感而火熱的激情和聰明。李小雨始終記著他當年投寄給《詩刊》的稿件上，總是蓋著鮮紅的印章，以便引人注目。「最後一隊遠方的駝鈴／消失在赭黃的地平線／沙礫炙紅了寂寞的駝鈴」。一九八四年我遷徙北京後，程寶林成為我親密的詩歌兄弟。一九八四年底，他拿到《青年文學》的稿費後，除了買上平生第一套西服外，還在中國人民大學北側黃莊的一家飯館裏請我吃涮羊肉。那時羊肉按斤來稱，一斤一盤，而且

▲程寶林（右）

分量很足。吃了兩盤之後，似乎還有餘地，他額頭滲汗，心疼地咬牙又添了一斤。吃飯間隙，還炫耀他剛剛買來的廉價西服，其得意的表情至今被我清晰記得。酒足飯飽之後，我相當知趣地坐在他宿舍裏，搜刮出平生最煽情的語言，為他即將出版的《雨季來臨》詩集寫了充滿激情的宣介。

程寶林的才華和勤奮，均是他筆耕不輟的源泉，各種文體的著作不斷在國內問世。大學時代這個湖北佬在實習時愛上了成都女子小敏，大學畢業後雖然無限留戀北京，但還是義無反顧地奔了四川。他把大學時命名的「無聞居」創作室，先是搬到了成都，後又搬到了美國。在去美國之前，他信誓旦旦地宣稱要成為林語堂第二。之後他每年都有新書出版，但能否像林語堂那樣用英語寫作，我始終真心期待，好在生命還有一半的時間。二〇〇四年十月，在上海紹興路的漢源書店裏，陳鳴華談起寶林的《一個農民兒子的村莊》一書，並說在新書排行榜上已經進入前二十位了。

在新近的隨筆中，程寶林寫道：「我們共有一份記憶：八十年代初期和中期。青春、詩歌、愛情、友情，互相迭加，彼此交織，又先後錯過。先是變革與抗議的聲音，隨後是心靈的巨大錯愕與驚懼，再隨後，是滾滾的商潮。信仰中對自由的追尋，被放逐之後，留下來的巨大虛空，需要金錢填補。」程寶林的內心對之後的時代變遷顯然是不適和排斥的，甚至有些無奈，他說：「下海經商，入仕當官，浮海留學。在不甘於平庸與不屈於現實之外，我們只有這三種選項，三居其一。我選擇了第三種，在美國，兩度浮沉，十年孤寂。等生活終於稍稍安定，踮起腳來，在網路上四顧茫然，發現遠處星光閃爍，失散多年的朋友們，又在虛幻的互聯網上走到一起。」程寶林熱愛農耕時代，他的身上永遠閃爍質樸和勤奮的品格，他一直忠實於內心固有的選擇，從不會輕易被周邊的裂變而影響自己的方向。

他繼續寫道：「蘇歷銘是始終沒有失落的朋友。我至今還保存著他在日本寫來的長達兩三頁的信，鋼筆字，和他的詩一樣瀟灑……蘇歷銘帶朱凌波去我的學生宿舍找我時，我們特意跑到雙榆樹照相館，拍了一張奢侈的彩色照片。三個人坐在沙發上，二十出頭的小青年，還保持著童貞之身。」我至今記得拍攝彩照的情景，那家照相館就在人大西門的對面，我們坐在假景的房間裏，任憑攝像師的擺佈，最後定格一瞬沖洗三張。之後我們又去了哪里，全然不再記得，一種可能是在隔壁的小館裏用餐；一種可能是回到人大校園，在長椅上暢談；再有一種可能是我把到處亂竄的朱凌波領回我的住處。

程寶林是一個純粹的作家，他出國之後註定要喪失靈魂的家園，雖然在美國享受著優越的國民待遇，但母語的折磨讓他陷入更深的孤獨。「回到北京，北京已不識我。回到中國，我已不是法律意義上的中國人。回到成都，那裏的忘年之交，一位賣舊書的長者，已去世數年。回到那個叫歇張的村子裏，村子格局依然，童年和少年已消失無蹤。一生中最美好的一段，已經走遠。有些事可以重新開始，有些事，已經永遠結束。」「彷彿一場牌局，重新洗牌後，我們坐到了互聯網的臺面上。拿起電話，我們隨時可以撥通遠在地球另一邊的舊日朋友。但現在，還不是懷舊的時候。我們要往前走，向更遠的地方走，向更高的地方走。」他還感慨潘洗塵已變得面目全非，其實他僅僅看到表像，潘洗塵內心依舊保持著當年的情懷，且更為可愛和好玩。只是現在的打扮有些得瑟，毛衣和圍巾是英格蘭風格，風衣和提包、乃至皮鞋都是二〇〇八年全球最新款式，四處遊走似乎只為尋找迷失的「火車站」。朱凌波已經把當年的激情，全部傾瀉在商業地產的論壇上，我聽過他的一次演講，嘴巴緊貼著麥克，像朗誦詩歌一樣狂噴標新立異的觀點。

程寶林始終是勤奮上進的好青年，否則他不會在美國輕而易舉地取得華人中絕無僅有的藝術碩士學位，這個相當於准博士的學位著實讓寶林站在太平洋的東海岸上器宇軒昂。二〇〇五年，程寶林從美國回來時，曾在我家小住，或許北京是他無法了斷的情結，那幾天他格外念舊，非得要去尋找過去的印記。為此，我陪他還去了當年他的文學同道殷龍龍的住處。殷龍龍絕對是個智者，洞穿他的內心，並用極其詼諧的語言，讓程寶林在嬗變的街道上發出「一聲歎息」。程寶林後來在《北京投宿》一文中這樣記述他當時探尋的過程：「我問殷龍龍：『你還與我們共同的那位女詩友，有聯繫嗎？』不言而喻，我說的是，在西郊大鍾寺，擁有一座獨立四合院的那位。當年，我去造訪那間溫暖的、充滿異性氣息、爐火紅熾的小屋時，自行車要穿越好幾片田野，到了她家的屋後，更要走過菜地。現在，這些土地早已淪喪，成為高樓大廈的地基，和城市GDP的組成部分了。他說：『我早就知道，你和她有一腿！』說完，他看了蘇歷銘一眼，一臉壞笑。他開始打電話。對方要他將電話號碼抄下來，他直接在電腦上，將一串號碼輸入。這一細節，再次印證了我的印象：這是多麼聰穎的一個人。將電腦上的號碼撥過去，幾分鐘後，他有點失望地告訴我：『這是我認識的最後一個和她有聯繫的人。如今，他們也幾年沒有聯繫了。看來，一時找不到她了。』他順便告訴我，她已經離婚。辛棄疾在詞中寫到：『甚矣吾衰矣，悵平生，交遊零落，只今餘幾？』這是離亂之世、垂老之年，詞人對人生友情漸凋的一聲歎息。如今，太平盛世，網路時代，一個在青春歲月裏，給予過我愛與火的體驗的女人，就這樣消失在北京的廣廈萬千里。」

感謝互聯網，有時它能讓我產生錯覺，感覺到遠去的老友就在隔壁，甚至於能聽見他咳嗽的聲音。現在，程寶林終於在夏威夷大學擔當起教書的職責，有時閉上眼睛，我能感受他穿著西服體面地漫步於校園裏的場景。程寶林不喜歡調侃莊嚴的事情，這和我有些相反，他的使命感和責任感始終擔在肩上，變成美國人也不改變，因此他在人生多半的時間裏總是緊縮眉頭。

周亞平

如果麥子死了

數年前，位於北京北太平莊橋的老故事餐吧經常舉辦各類詩歌活動，我曾數次前往助興。某天在那裏遇見神交多年的周亞平，他的工作職場也在中央新聞電影製片廠院內，卻從未在詩歌活動上露面。記得他生活在蘇州，以為他是臨時出差來京，沒想到他已北上多年，紮根京城始終為祖國的影視事業推波助瀾。身居京城卻一直低調，一直潛伏在詩歌圈子之外的人民中間，但詩人並未掛筆，那天獲贈三冊印刷精美的個人詩集，使我堅信當年的那群老傢伙即便有一萬個理由遠離詩歌，還會默默地枕詩而眠。

▲周亞平

周亞平筆名壹周，即一個姓周的人，也曾用過故事馬、米小等筆名，他的詩名出現在上世紀八十年代，當年曾與於奎潮即馬鈴薯兄弟同窗，之後在南京大學作家班就讀期間，他就與車前子一起發起「南京形式主義詩歌小組」，提出了「形式主義」的詩歌理想。一九九〇年出版《原樣：中國語言詩派》，直接將他們的詩歌命名為「語言詩」，成為中國當代語言詩的重要探索者。此時同仁有車前子、周亞平、黃梵、一村、閑夢、萬象、紅柳等人，也可以說形成了一個中國語言詩派。其中，紅柳即車前子之妹顧紅柳，因詩歌與周亞平結為秦晉而傳為佳話。周亞平以其對於語言詩的持續堅守與創作實績，成為了中國當代語言詩寫作中的一位代表性詩人。在他看來，詩歌對於他個人來說有一定的一致性，也就是說他個人的寫作始終是保持著一種與社會的對抗，以達到自己內心的純粹和平靜。「如果麥子死了／地裏的顏色會變得鮮紅／如果麥子死了／要等到明年的麥子出來／才會改變地上的顏色」，他是一個詩歌實踐者，他孤獨而執拗地堅持自己的寫作理念和方向，當年《星星》詩刊曾集中刊載他的作品並引起詩界的爭鳴。

其實這些年來，他克服種種困難，一直在做中國詩歌的義工。他發起並擔任總導演的《春節詩會》、《清明詩會》、《端午詩會》和《中秋詩會》連續數年在中央電視臺播出，獲得各界好評。他把「傳統佳節系列詩會」已做成一個新的文化品牌，邀請全國知名的朗誦藝術家、以及深受觀眾喜愛的中青年電影演員和著名主持人現場朗誦，每一期節目都凝聚他的心血，二〇一〇年「傳統佳節系列詩會」獲得第二屆全國優秀電視文化節目的表彰。

周亞平是一位特殊的詩人，解讀他往往會陷入自我矛盾的窘境。關於他的寫作，需要說明的是，它首先與任何功利（包括社會義務）無關，其次也很難說它與哪些疾病有密切關聯。他是名符其實的業餘寫作，即便偶爾有了某種程度上的「職業」心態，完全基於對文字和文字圖形獨有的敏感與趣味。周亞平說：「這種趣味轉化為一種寫作的意志，迫使我持久寫作，準確講是學習寫作。寫作中，我曾經感受最深的，即時常遭遇著各種非藝術的力量，當然需要鬥爭，比如說歷史的、文化的、政治的。現在我可能要相對輕鬆些。我贊同一句話：『人的真正的固定不變的生活方式只有一種：我不思考，我沒有任何問題要思考。』把一首詩寫好確實不容易，把一種詩寫好就更難些。從較長的時間看，我肯定反對原則，從近處看，我又反對系統。我非常渴望寫作中的變動。我應當承認，寫作中的經常變動與我的品格有某種關聯，我缺乏堅毅和持之以恆。只有變動中時常出現的冒險因素，包括對某些新概念的偏執和激情，才能刺激和保證我歡欣地寫作，我願意聽任不可預見的變化的擺佈。」

在中國當代詩歌史上，形成了一個特別的、但是被我們文學史所忽視的一個詩歌現象，這就是「語言詩」。一方面，「語言詩」是八十年代諸種詩歌形態中持續時間較長，參與詩人較多的一種。以語言為本體楔入詩歌，更新了中國當代詩歌語言，實現了中國當代詩歌的一次深刻突破。另一方面，「語言詩」也是中國當代詩歌的重要走向。直到今天，語言仍是當下詩人馳騁詩壇的絕對利器，這使得當代新詩不斷在語言的翻新中挺進。周亞平的創作經歷與詩歌作品，為我們展示出一種相當特殊的「經驗方式」，全面凸現了中國語言詩的特徵，他是探索「語言詩」活生生的標本。

二〇〇九年，周亞平以筆名壹周推出了三本詩集：《如果麥子死了》、《俗麗》和《戲劇場》。這是他「語言詩」創作的一次集中亮相，也是中國語言詩的重要文本。按作者的說法，《如果麥子死了》是「簡單的詩」時期，創作時間約在一九八五年到一九八八年之間。《俗麗》是「複雜的詩」時期，創作時間是約一九八八年至一九九〇年。正是這兩個時期，他與車前子一起創建了語言詩派，全力投入語言詩的探索。二〇〇八年至二〇〇九年是他詩歌的一個恢復期，即他詩歌創作的「意義的詩」時期，作品收入《戲劇場》。在一九九〇年到二〇〇八年期間，他放棄詩歌創作而從事多項職業工作，由於他這長達十八年的離開，被小海稱為「詩歌潛伏者」。儘管周亞平經過長時間「潛伏」，而且一回到詩歌創作時，就在詩歌中加入了意義，但他的創作仍舊保持著語言詩的風格特徵，仍然固守語言詩的詩歌理想，這使他在整個「語言詩派」中的位置顯得相當獨特。

王學東博士在深入研究周亞平詩歌之後，得出這樣的結論：周亞平的「簡單的詩」是簡短的語言詩，他所謂的「複雜的詩」是多章節的語言詩。即使是最近《戲劇場》裏的「意義的詩」，加入了「意義」，但仍以「語言詩」創作為主，仍然未脫掉「語言詩」的底色。也就是說，所謂的「簡單的詩」、「複雜的詩」以及「意義的詩」，都是「語言詩」，只不過是「語言詩」的變種命名而已。因此，周亞平豐富的詩歌作品，是典型的「語言詩」，鮮明地體現了中國「語言詩」主要特徵。「回到文字」，是他語言詩的最重要的特徵，同時也是周亞平的詩學基地。在「回到文字」中，周亞平一邊靜靜追隨文字，以獲得他心目中的「深刻的事物」，展示文字的內在世界。同時他又展開了文字行動，以展示文字外在呈現方式。周亞平的語言詩，最終是要「回到文字」，即回到能指，而不是回到有「內容」的世界。他的語言詩歌，以其扎實的創作以及鮮明的藝術追求，成為中國當代詩歌的第三次轉折一個重要標誌。他的努力，在中國當代詩歌的發展路途中具有重大意義。同時，周亞平與中國當代語言詩在推進過程中，也陷入了困境。

無論怎麼說，周亞平「語言詩」的探索和實踐都是有益的，他不知覺地在當代文學史中促成了一個語言詩流派，並展示出了中國當代語言詩的重要特徵。更重要的是，他對中國當代詩歌發展中的若干重要命題，做出了可貴而難得的探索。特別是周亞平對於「形式」的重新審視，對於漢語表達能力的提升，以及對中國當代詩歌美學思想的豐富，這不僅讓中國當代詩歌的自我更新贏獲了一片闊大的場地，而且也綻放出了當代詩歌對於當代生命多維度感受、多層次體驗開拓的可能。並且，他對於詩歌精神的追問與堅守，在當代詩歌不斷地走向綜合、期待集大成者的時候，堪稱為一座堅實的豐碑。

是的，周亞平不是那種大紅大紫的詩人，他的詩歌進入閱讀者的視野是緩慢的，甚至被動式地激發閱讀的願望。他以語言對抗現實，充滿陌生感，以及匪夷所思的怪異詞語，他的詩大都是神來之筆，凌亂的詞語和意象奇妙地捏合成了一種詩的撞擊力。讀懂周亞平並非易事，蘇童也沒能讀懂他的語言小說，但這並不妨礙周亞平詩歌的意義，尤其是他經年不變的探索。他所堅持的，是用一種富有創造性的語言方式來觸摸和穿透塵世，並努力要清理這個世界，蕩滌心靈上的塵垢。

高星

緊緊地平貼在地上

二〇〇七年八月的某天午後，我躺在沙發上翻閱當天的報紙，突然發現一版高星的專訪，標題被編輯過度渲染，稱高星為美食大師。在專訪文章中，高星煞有介事地評點兩款時尚菜肴，並指點北京美食的去處。顯然是收受餐館的好處，充當酒家的托兒，或者高星之美食品位不為我瞭解。我撥通他的電話，以「大師」相稱，高星顯得有些局促，立馬否認美食大師的稱呼，喊我過去驗證他經常出入的美食場所。我當然不會拒絕，起身前去，按著他提供的地址，找到他家附近的一間小飯館。報紙上刊登的高大師實際上

▲高星（左一）和狗子、芒克

是市民食堂的常客，因為他的朋友眾多，要是天天鮑魚燕窩，他恐怕沒有勇氣繼續存活人間。新聞媒體的力量，能把黑說成白，能把醜說成美，看來在意識形態之外依然存在冷幽默。據我瞭解，高星具有濃厚的平民情懷，他和我們一樣，常在街邊拉把椅子就坐，啟開啤酒就喝，況且他的酒友中多為阿堅、張馳、狗子等京城「壞蛋」，不一醉方休似乎就不能算喝。不久前，在高星家樓下的小館裏，他請我便飯，當年參加「圓明園詩社」的張弛趕來，而我酒精過敏，只有看著他倆對飲的份兒。結束時張弛說，今天是少有的安靜，可想而知他們平時喝酒的熱鬧場面。

我是在一九九〇年認識高星的。高星是阿吾的朋友，那時我和阿吾住在同樓，高星也住在五棵松附近，他經常過來，自然就熟絡起來。那時我並不清楚高星寫詩，他一身現代派的打扮，讓我一直以為他是桀驁不馴的畫家。事實是，高星貌似現代，骨子裏卻非常傳統，當然有些方面除外。當時他是一家保險雜誌的美編，在看到我發表於《中國青年報》上的一篇隨筆後，他提出給那篇文章配畫，再在他的雜誌上重新發表。阿吾創辦《尺度》詩報時，高星充當核心分子，直至那時我才知道他還寫詩。

正像臧棣所言，高星擅長對日常場景的描摹，對生活細節的捕捉，保持陳述的線性結構，對宏大敍事的恣意反諷。不過，雖然有著外形的接近，比如，高星在寫此類敍事性較強的詩時，也很注重捕捉生活的細微之處；但他總能提供觀察背後的某種東西。如他的《一種方式的觸動》開篇描繪的是這樣一幅日常景象：「我家樓下的街巷　等待著拆遷／每天經過的我　並不感覺有什麼新鮮的風景／然而今天一個像鉗工模樣的人／旁若無人地坐在巷中／紅色的手風琴　把時間展開和壓縮／放在凳上的手抄歌本風不敢吹動／在昏暗的路燈下／放大的銀幕一樣地讓我觸動／而且／是黑白顏色的」。臧棣說：「高星傾向於讓他的詩歌經驗和生活經驗處於某種同構性之中。這種同構性帶有強烈的人為痕跡，而且它在新詩歷史上扮演的角色並不那麼光彩。不過，假若詩人的目標是把詩歌作為一種自我教育來書寫的話，這種同構性倒是能提供一份藝術的誠實。閱讀高星的詩歌，人們也許會對他捕捉生活經驗的熱情感到印象深刻。詩，彷彿是一種總結經驗的巧妙的方式。之所以奇妙，就在於詩人總結經驗的目的主要不是為加深對生活的認識，而是為了獲得一種氣象萬千的自我教育。」「高星的詩和當代詩歌的流行時尚一直保持著若即若離的關係。他不是一個受到廣泛關注的詩人，也許以後也不會是。他的詩歌缺少一種眩目的強度，這註定讓他的詩不會立刻挑動人們的審美感官。他的詩需要慢慢地進入。從閱讀角度說，這也許是不幸，也許是莫大的幸運。我個人認為，在他的詩中，最難得的品質是一種日常經驗的執拗。從某種意義上說，高星屬於詩人譜系中的一個瀕於滅絕的家族。對於這個詩人家族的成員來說，詩的想像力的基本尺度就是個人的經驗。如果說高星的詩有什麼局限的話，那麼，這就是他的局限。但反過來也可以說，這是他的詩的最大的長處。他的詩歌方式很像一個人手拿格言的尺子去測量生活的常識。」

高星是個全才，他酷愛攝影，擅長繪畫，出版過多部詩集和隨筆集，他的足跡遍及人跡稀少的偏遠地域，出版過專門的精美專著。高星的家，按理能夠盛下家中有限的人口，但高星收藏之愛好，使他的家幾乎都沒有從容落座的地方。他偏愛茶壺，每到一處必到舊貨市場轉悠，尋找他喜愛的物件。高星的收藏與富人的收藏明顯不同，他只收藏自己真心喜歡的東西，因此茶壺本身並不價值連城。他在博客專門以「壺言亂語」作為詩歌的分類標題，把收藏著的壺照片，放在每首詩的開頭。高星是個有心人，他還收集一些北京胡同的舊牌子，堂而皇之地釘在家中牆壁的高處。

按理來說，以高星不老不少之歲數來論，他應該屬於有房有車的中產階級。但由於對生活全方位的熱愛，他至今還是腿兒著遊蕩於京城的大街小巷之中。有人勸他把自己的收藏悉數賣掉，進而改善和提升生活質量，高星聽後只是微笑，在物質刺激年代裏他的腳始終沒有離開過大地。高星為人真誠，謙遜平和，從不彰顯自己的任何成績。北島回國時，他做了很多細緻入微的溫暖事情，而且做得一聲不響。他一直相當尊重自己的詩歌「師傅」阿吾，對阿吾的早期詩歌，推崇並爛熟於心。高星是一個值得信賴的兄弟，多年不變的長髮其實絲毫不帶有野性的成分，安靜是他心底一貫堅守的真實狀態。這些年來，他始終如一地用美好的文字揮灑詩意，特別是一些奇特的想法，總讓人難忘，比如他在臥室床頭的牆壁上懸掛著兩幅巨幅噴繪照片，一幅是偉大領袖毛主席革命勝利前夕在七大上講話的照片，一幅是巴黎盧浮宮裏最引人駐足的蒙娜麗莎的畫像，所不同的是，他把自己的腦袋替代了領袖，他妻子美麗的臉龐替代了那個需要考證的女性。

高星似乎只有兩件汗衫，一件印著不斷革命的毛主席頭像，一件是巨大的紅五星，它讓我想到革命到底的切・格瓦拉。

徐芳

我想重建自己的心靈

在校園詩歌興盛的一九八五年秋天，潘洗塵風塵僕僕地來到上海，他在華東師大朗誦詩歌的當天，我因小住上海也前去助興。會後，宋琳、傅亮、陳鳴華等人散坐於夏雨島旁的草地上閒談，期間李其綱、徐芳也加入進來。雖未謀面，李其綱老道的評論文章早有所聞，徐芳作為大學校園裏為數不多的女詩人曾引起人們的美好聯想。她的瑰麗、清新、乾淨的詩歌語言，單純、明麗、歡快的意象，使她那一

▲徐芳

時期的詩歌成為校園詩歌的藝術高點。數年前的某天，在清理過去書類資料時，無意在一疊舊雜誌中發現當天的合影照片，她知性的眉宇，和眉宇間綻放的青春微笑，永遠定格在發黃的照片上。十二年後，在我留學回國滯留上海期間，曾隨陳鳴華去上海展覽館參加一個詩歌朗誦會，孫道臨、秦怡等老藝術家登臺傾情朗誦，散場時又見徐芳，她已為人母，領著還未上小學的兒子急衝衝地去學習圍棋。

我沒有和徐芳交流過寫詩的誘因，因為我們同年考入大學，她選擇詩歌的理由不會和我們有太大的偏差。她在《被矛盾折磨的詩歌現實》裏說，跟著舒婷、顧城、北島走過來，也曾嚮往于龐德、艾略特、里爾克、瓦雷裏、卡夫卡……，她的內心迷惘與矛盾，傳承與告別，正是那一代校園詩人的共性。她長我一歲，算是同齡人，儘管生活的地域不同，大時代背景在詩歌寫作裏烙下相似的認知。幼年時，阻礙中國正常的社會發展和進步的十年浩劫爆發，少年時，影響中國社會進程的改革開發宣告開始，不斷要經受和接受時代的變革，雖未身受苦難內心卻不輕鬆，懂得珍惜超越父兄的美好時光。徐芳的詩開始於比較清明、比較開放、比較斑駁多樣的新時代，因此她的抒寫方式有一種天然的自由自在，包括她的飄忽、奇幻的詩思，匪夷所思的特喻和組接，有意無意的晦澀，都反映出相對自由寬鬆的時代環境，這是我們這一代人的幸運。

在詩歌進入多元化的混雜階段，徐芳似乎並未受到衝擊和影響，她堅持自己一貫的寫作理念，只是在內心中豐富自己的寫作技巧和主題方向。她大學畢業後即留校任教，直到初為人母時的情感昇華，她在相對純淨的狀態裏延長了青春期寫作，沉思和幻夢使得她的詩有著獨特的風韻。至今我還記得她的《蝴蝶結》、《采青》等青春亮麗的早期詩作，這些詩潔淨而真誠，盡顯一個女孩子詩化的心靈。「我們以長虹般幻想的手臂／甩出無數七彩的渾圓／讓太陽和青春的年輪／旋轉如唱歌的飛碟」，《唱歌的飛碟》、《去遠方》等一系列的詩都是她青春年華憧憬與期待、困惑與抗爭的印證。直到《在大山的第一級臺階上》長詩的出現，她開始由清純向豐富、單純向成熟，逐漸完成心靈和思考的蛻變。

這首長詩開頭有個小引：「你說：我十分願意看到你在長大，在成熟，又不願看到醜惡和世俗在你純潔的心智留下陰影。」我不知道她在小引中所說的「你」是指何人，會不會是指她生命中最重要的愛人李其綱呢？或者就是無意義的泛指，實際上是一種自語。在這首長詩中包含了三個遞進的，迴旋往復著的思想層次，渾和飽滿地寫出了詩人的人生宣言和藝術宣言。首先，她坦然承認「在我舉步的時候／我才感到不足，感到缺乏」，表達了豐富自己、充實自己的真摯的願望。她「不願以無力的天真／籠罩靈魂的池塘」，也「不願以蒼白貧乏／標榜水的清純」；她不願做「只會吹哨的白藍鴿」，「只會滑翔的紅蜻蜓」，她明白無誤地宣告要進入人生和藝術的新領地。其次，她「像一棵年輕的樹／闖入了群山的夢」，圍繞「山」的中心意象，放入了對成熟、深刻、沉重等等，以及人生境界和藝術境界的嚮往和尊重，把自己謙卑地放在了「在大山的第一級臺階上」。最後，她沒有因為「闖入了群山的夢」而迷失了自己，並未否定和捨棄屬於她這一代的生活情趣與藝術想像的特質，相反在傳承中找到自己的方向。讀懂這首詩，對徐芳之後的詩歌延伸和擴張，以及生命態度就有了牢靠的支點。

之後，她曾寫過草原組詩，筆下的莫紮河也像她筆下的大山一樣，是一個具有象徵意義的純粹的意象。雪峰、草原、大漠、麥地、草垛、野花……這噴發著第一自然原生態之美的景物一度紛紛湧至安居現代都市詩人的筆下。她構建偏執於內心體驗的詩的疆域，書面語句的弱化，使得口語的活潑和惟妙惟肖成為她詩歌語言的新特點。她並不排斥現代主義的種種探索，她的《圍剿》、《陰影》、《鏡中人》、《夜遊的症狀》、《流年》等詩都寫得似有深意而又頗費猜測。徐芳擅長從細碎的日常生活中發掘詩意，如《星期日：茶杯》、《雨後》、《搬遷》等，這讓她的筆觸總是真實可信。

讀徐芳的詩，我知道了她是多麼愛她的兒子，從《寫給新居和兒子的第一首詩》開始，她已寫了三十多首給兒子的詩。「在一種生活開始之前／我喜歡站立著的姿態／就像在鏡前／打量自己和你們」。溫暖一直膨脹著天大的母愛，使詩人暫時忘了召喚和驅遣繁複的意象，寫出大量明澈素樸的詩句，再如「被我用力抱緊的／還有我的親愛的兒子／他的小臉好像蘋果／他可愛的小手和小腳／使我的呼吸格外輕柔」。我同意這樣的說法，「這些詩句是一個母親平常自然的心音，的確沒有什麼奇特之處；但當我有點痛苦地在徐芳開闢的那條撲朔迷離的詩徑上跋涉過之後，這些平常的詩句就變得分外甘美了。」這些詩寫出了徐芳獨特的生命體驗，它並不單單傾訴著母愛，而是展開了對生命奧秘的反觀和思考。

徐芳說，「青春的邏輯是反邏輯的」。「讓我對詩的理解一股腦兒地回到青春——如同我對青春的邏輯的解釋一樣，我也將用同樣的回答來解釋詩解釋世界」。應該說，詩是可以任性自由的，而且要無邊際的任性自由，在固化的詩歌觀念裏，有眾多局限導致詩的局限，因此在藝術創作上應該依據內心真實的感覺而堅持自己的創作態度。

我喜歡閱讀充分展現現代都市人心和深入挖掘現代都市細節的詩篇。李有亮說，「因為如我們所知道的，中國詩歌的根是深植於鄉土的，是與農耕文明血脈相融的。這樣的傳統，致使詩歌相對於城市一直就像是一個外來流民，總是在燈紅酒綠、熙熙攘攘的城市喧囂中迷失自己。於是就出現了評論家所說的那種「兩極反應」：要麼是『社會批判式的寫實主義』，要麼是『欲望寫作的浪漫獵奇』，而其局限性是：前者總使人對城市文明抱有敵意，後者卻又誘人深陷其中徹底物質化，至於城市的真正精神，城市審美的獨特意蘊，則長久地被遮蔽與模糊了。」如果說城市詩的命名首先著眼於詩歌題材取向上偏於城市的一致性，那麼在風格上則完全是因人而異的。就徐芳而言，她的詩具有一種知性的美。「可以把城市理解為上帝全新的傑作」（徐芳語），在她的詩裏，楓樹、白玉蘭、牡丹、睡蓮等植物和鴿子、雀、金魚等小動物都能入詩，她把城市看作是「第二自然」，城市阻隔了人與自然的親近，但人類努力在城市裏不斷地植入一切與自然相關的生物，徐芳通過自己的發現，在她的詩裏不斷地營造城市的綠色意象，它們既是我們熟悉的，又是經過陌生化處理的，常常給讀者以出其不意的新鮮感。她試圖做到主體對感性物件進行思維，把眾多沒有聯繫的感性物件進行綜合處理，把觸發她詩情的當下物象如街景、房屋、河流、樹影、黃昏、黑夜、燈火、星光，通過自由聯想，與季節、歲月、塵封的往事、青春的記憶，乃至世界、宇宙進行跨時空的組合。從她的詩裏，可以看到在現代都市中與人靈犀相通的靈性，以及人與城市的森羅萬象一同呼吸的和諧景觀。她始終站在客觀立場上，並沒有試圖拯救都市的墮落，也沒有試圖讚美都市的繁華，不進行社會分析、精神分析，不使用任何強力、野蠻拆解的語言和主題，詩人惟一呈現的是自身的靈性以及在靈性的街燈下城市風物的微觀光芒。她力圖以一種瓦雷裏「純詩」中所表露的睿智，和米蘭·昆德拉所表露的舉重若輕的反諷和自嘲，來加以調和與化解人與自然的關聯。

謝冕談到徐芳的詩時，稱讚「她的詩保留了新詩潮最珍貴的本質，那就是，內容上的對周圍世界以及自我的內心世界的關切，藝術上則是鮮明的現代性。重要的是，對理想的追尋以及先鋒的精神。」徐芳是上世紀八十年代一代人中堅持不懈地寫作和探索的詩人，每次見到她的名字，我總能迅速地回到那個美好的年代。

在彼岸討論現世

朱凌波

朱凌波四十五歲生日那天，他在北京東直門外的一家東北餐館裏舉辦生日宴會，前來賀壽的來賓，基本上都是他幼年到大學時代的舊友，因此他刻意預定了「哥們」包間。我本想去多樂之日點心店購買提拉米蘇蛋糕，轉念又想，在全球經濟危機時期應該一切從緊，便順路買了一個普通的生日蛋糕，不過還是特意請點心師傅在花叢中，用奶油製作一頭憨厚的豬。

朱凌波的前半生是自我不斷流放的跌宕旅程。他讀小學時，寄養在黑龍江密山縣連珠山公社永新大隊的祖父家中。他爺爺是二小隊的老會計，對這個略有羞澀

▲朱凌波（中）與程寶林、蘇歷銘

和內向的孫子格外疼愛，以至於朱凌波返回牡丹江後，他爺爺毅然辭去生產隊的財務肥差，把家也搬至這個土匪出沒的三線城市。據說朱凌波剛回牡丹江時，習慣於雞犬相聞鄉村生活的他，站在馬路上面對往來的機動車輛經常長久地發呆。少年時期的流放不是他主動選擇的，離城返城，他無法做出自己的決定，但這種不經意的預演，致使他的前半生一直上演著流放的悲喜劇。

或許受他爺爺的影響，朱凌波當年選擇金融系讀書，似乎想有朝一日也能用手指蘸著吐沫點錢。那是改革開放的初始年代，神州大地吹遍變革的春風，各種思潮在傳統的教科書之外，改變了人們預定的一些想法。在詩歌表達思想的年代裏，他在會計科目的書本上，寫下密密麻麻的詩行。朱凌波的骨子裏充滿著極端的激情和天然的反叛，在崇拜朦朧詩的年代裏，他高調暢談其對朦朧詩的不屑；在人們滿足於學院詩人的稱謂時，他恥笑青春期寫作的膚淺。

在人才青黃不接的年代裏，金融系的畢業生更是炙手可熱，本可以在銀行系統嶄露頭角的小朱同學，卻因為熱衷出版發行地下詩刊而開始人生的流放。他在省城哈爾濱工作不到一年，即被組織上退回原籍牡丹江，如果那時他能自律，可能還會在體制內混上一官半職，弄些灰色收入，雖然不會像他爺爺在油燈下為生產隊點錢，至少可以躲在被窩裏為自己點錢。朱凌波沒有聽從組織上的安排，卻從此進入他的詩歌癲狂時代，不僅蓄起披肩的長髮，而且故意露出蔑視一切的嘴臉。他根本不會安居於威虎山夾皮溝的文化荒嶺之上，在大江南北長城內外找尋可以引為同志的詩人們。那時我正在北京某國家機關工作，雖然有些不務正業的非議，但勤勉苟且的態度基本上符合小公務員的標準。北京是朱凌波中轉或休整的必由之地，我最擔心他突然闖入我的辦公室，其放蕩不羈的語言和行為，經常會破環我的形象，讓領導們逐漸識破我的偽裝，認為我和他，或者和他們終究是一夥的。

朱凌波以一首《空位》詩歌混跡於詩壇，他熱衷於流派的創建，自稱體驗詩派，協助徐敬亞們在《深圳青年報》上推出現代詩歌大展。他還立足於東北，鼓動《作家》雜誌的轉型，與各地的地下詩人遙相呼應，發表《第三代詩論》，從理論上奪取所謂的制高點。除此之外，還撰文《疲憊的追蹤》，惡毒攻擊謝冕先生已經無法準確地把握中國詩歌的走向。他目空一切和舍我其誰的態度，與我一貫的中庸思想格格不入，但這並沒影響我們在分歧下尋求其他的共同點，尤其是文學之外的一些想法。每次來北京，他基本上都借住於我的單身宿舍，不分晝夜地流竄於北京詩人們的各類聚會。考慮到自己理論功底的膚淺和酒精過敏，他每次約我一同前往都被我婉言謝絕，我只喜歡聽他事後對詩界的描述。在某種程度上，朱凌波是第三代詩人的理論劍客，他反邏輯的空洞語言似乎很受歡迎，也被當年的詩人們記憶深刻。楊黎不止一次提到過朱凌波的詩論。其實大學畢業之後，我對他在詩界的各種行為並不完全瞭解，而是後來各路人士零碎的故事編就成他的詩歌行蹤。如果不是一九八九年的初夏，朱凌波或許會是另一個詩歌大師，那樣我似乎要坐著仰視他。

進入上世紀九十年代，他突然去掉詩人的裝束，剃去詩意的長髮，搖身一變竟成了某民營投資公司的高管人員。他穿上體面的西服，系上鮮豔的領帶，徹底離開蝸居的威虎山，落腳於濱海城市——大連。那是我們這一代人迷惘的時期，大家在心底經歷各自的裂變，也正是從那時起，他開始跨地域跨行業的自我流放。我選擇出國留學，在去國六年多的時間裏，他從事過廣告、金幣、股票等一系列尖端的職業，屢敗屢戰，一直轉戰於大連、北京、深圳等地，馳騁在中國的商海上。二十世紀即將結束的時候，我歸國返回北京，那時他正閒居於珠海，在南方幾家報刊開設專欄，享受珠海花園似的悠閒生活。朱凌波的極端表現在一旦離開詩歌，他會在心裏徹底埋葬詩歌，雖然一直有些不解，但從他山河不變的目光中我能體會出詩歌曾給他的傷害，那些傷害使得他一次次地背離自己既定的生活航線。現在，他終於成為中國詩歌的叛徒，他的叛變是理想主義的泯滅，抑或是理想主義的絕望。對於我始終堅守的詩歌寫作，他經常嗤之以鼻，甚至憤憤然。朱凌波說：「二十年前膚淺和浪漫的理想主義在當今這個物欲橫流的年代猶如一陣繽紛的泡沫消散，有人說詩人已死詩歌已死，或者說詩歌已經退回內心的死角已經成為一種生活的荒誕。八十年代那批飽受人文主義膏肓的詩人和詩歌fans如今集體老矣，當年旌旗飛揚的現代主義火焰漸漸地淪落於現實的湖底。每個人都在不斷經歷著痛苦並成為痛苦的一部分，每個人都在經歷著黑暗並成為黑暗本身。」對於朱凌波而言，他從青年時代就開始了一場遠離故鄉和靈魂的遠行，在茫茫的世俗和人間找尋目標卻不斷喪失歸宿，詩歌曾被他寄予過多的厚望，而社會又不需要詩歌，雖然無比留戀和懷念曾經揮霍的激情和活力，面對現實這堵堅硬得無力跨越的高牆，他連鑿壁透光的興趣也早已蕩然無存。

朱凌波來北京已經十年了。剛來北京時，他借居於我的住處，每晚下班回來，我都習慣地仰頭看十五樓的窗子，只要他沒有出門，肯定會露出豬頭向外張望。他的孤獨和茫然，雖然總是勉強掩飾，我還是能清晰地體會他再次流放的無奈。但慶倖的是，他終於立命於地產行業，現如今成為行業內婦孺皆知的專家，被人稱為朱大師，看來只要有大師情結，最終就能實現其大師的夢想。他在清華大學進行國際商業地產運營商CREO培訓工作，與國際知名大學和地產機構合作，為中國地產行業培養專業人才。最近，促成清華大學與全國工商聯房地產商會聯合組建了一個商業不動產專業委員會，他親任秘書長，以規範和提高行業水平為己任，重視學術理論探討、行業研究、市場研究和案例研究，提出或確定適合中國商業地產良性發展的商業模式，積極推進行業規範標準的出臺和金融創新，營造良性競爭與和諧發展的市場環境，大力推動中國商業地產的國際化、專業化、產業化和標準化進程，以促進中國商業地產健康、有序、持續的發展。我經常在地產雜誌和報紙上看到朱凌波的專欄文章，令我難以置信的是，他已被稱為中國商業地產專業培訓第一人和社會活動家，並被媒體譽為中國商業地產的佈道者。

我不知道朱凌波的後半生是否會繼續自我流放，從他目前的狀態看，似乎短期內沒有可能，因為地產行業遠遠沒有終結其繁榮的態勢，他會繼續在專業媒體和專業論壇上，不斷地闡述跳躍新奇的觀點，在鮮花和掌聲中享受大師的榮耀。今天在酒桌上他高聲朗誦生日感言：「追根溯源，逆流而上，在河的彼岸討論現世的問題，如矛的舟楫停滿斑駁的船塢，周邊站立無數虛妄的垂釣者，新鮮的落葉落滿過往的道路，放生的神龜悠游未來的靜水，秋高氣爽，胸懷天地，睥睨塵倫，聽梵歌嫋嫋，歷經苦難，超度靈魂……」有時我在想，朱凌波從詩歌流放到商界，其間變換了無數個地點，哪里能讓他真正的安寧呢？什麼又是他內心真正的喜悅呢？從他的文字中隱約感受到他向佛的心願，突然預感寺院將出沒他的背影，這讓我不由得後背涼風。做中國詩歌的叛徒，是一件小事，因為詩界大師已經比比皆是；做中國商界的叛徒，是一件大事，但也不是一件壞事，只要一日三餐已有保證。無論是精神上的流放，還是地域上的流放，我祈願他到此為止，偶爾去寺院進貢香火，在禪院裏品茗，但一定要在暮鼓擊響前離開。

潘洗塵

六月我們看海去

十一長假的尾聲，潘洗塵從雲南、四川等地雲遊返京後打來電話，約我當晚去他住的公寓品嘗他的廚藝。因為有約在前，無法與他共進晚餐，我答應他晚餐之後趕過去喝茶。可從餐廳出來時，北京的夜空竟飄起晚秋的冷雨，氣溫驟然涼了許多。大街上行人明顯少於往常，在街燈的映照下樹葉隨風而落，我有些猶豫，便試著打電話給他，想改變先前的承諾。他說一直在等我，這讓我把嘴邊的話咽了回去，任由雨滴打在擋風玻璃上，開車由西向東橫穿淒冷的北京，趕到他住的公寓。

與潘洗塵的相識，是一九八三年的十一期間，算來已經二十五個年頭了。那時我還在吉林大學讀書，他從哈爾濱來長春，專程拜

▲潘洗塵（左二）與蘇歷銘、程寶林、鄧學政、楊榴紅

訪徐敬業、呂貴品和王小妮等人。呂貴品留校任教，和我同住一個學生宿舍樓，他們見面時便喊我過去。潘洗塵風風火火的神情，舍我其誰的態度，以及指點江山的宏論，並沒有讓我產生特別的好感，以至於談話中間沒有積極應和，甚至還提出與他向左的觀點。那時大家都年輕氣盛，按理來說，初次見面應該留有餘地，可不諳世事的我有意流露出不屑的語氣，難怪他在返哈前對其他人憤憤地說：蘇歷銘算什麼東西！

當年的詩歌氛圍是美好的，即便性格上或觀念上存有差異，並不影響大家在詩歌的旗幟下交往。他回去不久即來信，大談大學生詩歌流派的意義，同時為即將創刊的《大學生詩壇》張羅各路稿件。應該說，潘洗塵高舉校園詩歌的大旗，為大學生詩歌殫精竭慮地四處奔走，在當年實屬不易。學院詩歌繼朦朧詩之後正成為中國詩壇新的亮點，當時《飛天》雜誌以「大學生詩苑」欄目彙聚各路精英，成為學院詩人最看重的發表平臺。大家把在這個欄目中發表詩作，看作是進入中國詩壇的某種標誌。我至今也沒有問過潘洗塵，當初他只是一個在校中文系學生，憑什麼忽悠到有關方面的支持，公開出版和發行《大學生詩壇》雜誌呢？毫無疑問，他有著非凡的鼓動和造勢能力，或許也是順應時代的變化，使他有機會第一個搭建了學院詩歌的陣地，堂堂正正地豎起大學生詩歌的旗幟。

潘洗塵是個詩歌活動家。他以飽滿的熱情和忘我的工作，在未滿20歲的時候，便將全部的心血投入到中國詩歌事業之中。我想，他應該與八十年代學院寫詩的人均有聯繫，否則不會談起當年的人與事都能如數家珍，甚至還能背誦當年的詩句。在「四海之內皆兄弟」的詩歌氛圍裏，他乘坐火車，一路上朗誦激昂的詩篇，贏得眾多詩歌愛好者熱烈的掌聲。那時信件是我們唯一的聯絡方式，在相識之後的二十多年時間裏，雖然時空驟變，但我們始終沒有中斷聯繫。王小妮說，四十歲以後不認識的人就可以不認識了，而我與潘洗塵相識時，他和我都是二十歲。我們是因為詩歌相識，卻超越詩歌，進而成為一生的兄弟。我們的情誼遠大於詩歌，即使徹底消聲於詩壇，我想彼此仍會相互惦念。那時經常收到他的信件，從潦草的字跡中就能感受到他的繁忙，似乎他是為詩歌而生，儘管有時他矢口否認，甚至裝作若無其事的樣子。

我知道他對第三代詩人的提法一直存有異議，認為就是因為1986年詩歌大展使得詩界亂象叢生，八十年代的理想主義詩歌情結在他的內心成為死結。在上世紀八十年代中期，隨著學院詩歌的降溫，他漸漸地遠離詩壇，生性不安分的他選擇更具有挑戰性的事情，作為自己新的展示領域。這期間，他辭去體面的公職，把自己放進莫測的商海之中，起起伏伏，從北到南，又從南到北，打造著安身立命的事業——天問廣告。現在，潘洗塵以還鄉團的姿態，重新回到詩歌，被人稱為「回歸派」的代表人物之一。而我覺得他遠離詩壇並未遠離詩歌，從他整理出來的舊作中可以看到，他的詩歌創作一直沒有停歇。所謂回歸，不過是從個體狀態重回公眾的面前，這是他的詩歌情結在作祟，他不會沉默到底的，我知道，這個把詩歌融入自己血脈的繆斯之子不會棄詩而去。

潘洗塵的《六月，我們看海去》一直被譽為八十年代校園詩歌的經典，可我始終不明白它成為經典的理由。這首詩，充其量只是當時青春期寫作的一種典型例證，但被各種報刊相繼轉載之後，被各種詩集選本收錄之後，被中學生課本選入之後，它竟成了潘洗塵的代表作，同時也成為經典。我不能說它是潘洗塵早期作品中最差的一首詩，但它只是詩人初出茅廬的練筆之作，如果把它誇獎成潘洗塵的代表作，無疑會淹沒他詩歌創作的所有努力。近年來，潘洗塵創作了一批關注生命狀態的作品，這些作品融入生命的體驗和反省，具有深入骨血的力量，每一首都在《六月，我們看海去》之上。可我無法替換經典，只能在經典之外努力看清潘洗塵詩歌的全部，觸摸他心底的思想。當年潘洗塵步入詩壇之後，一直擔當著青春偶像派詩人的重任，反而忽略了自身和周遭的體驗，當置身於波瀾萬丈的生活裏，他的詩歌價值取向才真正靠近現代主義詩歌。必須指出的是，潘洗塵的詩歌是缺乏技巧的，但不缺乏思索和真情，一些詩作中也不乏有傳世的詩句。

對於潘洗塵，無論他獲得多少讚譽，我始終都是保持批判的態度，或許是報當年長春他詆毀我之仇吧。在收到《一生不可自決》詩集的最初版本時，我認真地數了他詩集中的個人靚照，竟有三十多幅之多，不由得懷疑他具有自戀傾向。我便撥通他的電話，建議他出一本個人寫真集，我嘲諷的口氣並沒有引起他的不快，反而聽到他舒心的大笑。他知道我的潛臺詞是說他過於得瑟，但這個浸染小布爾喬亞色彩的大地之子絲毫沒有羞澀的感覺，之後拍出更多類似於附庸風雅的照片。後來我想，人應該無拘無束地自由生活，理會太多的觀點反而讓自己變得面目不清，詩集本來就是個性的展示，現在他即使在其中印上自己的裸照，我都不再驚詫。

潘洗塵喜歡把公寓裏所有房間的燈全部打亮，夜如白晝，讓我覺得有些浪費之外，卻是一種全新的感受。窗外的冷雨越下越大，因為這些光亮，房間裏似乎陽光燦爛。山珍海味之後的居家料理，最能看清一個人的本性。潘洗塵的廚藝不錯，菜肴色香味俱全，他堅持讓我陪他再吃一些，我欣然動筷。只是他的口味偏重，清燉排骨有些偏鹹，這或許是他自幼保持的習慣，也可以說是依舊保持著質樸的本色。其實剝掉他華麗光鮮的外衣，他本來就是黑土地的兒子，即便房間裏擺放各色時尚的裝飾，循著他天真的憨笑，還能感受著心底永遠不變的靈魂。對他一身名牌的白色裝束，最初我看不習慣，現在他要是換成別的服飾，又會覺得此他非他。對現實他有時相當恐懼，就像一個渴望玩耍卻又自閉的稚童。他經常把自己關在房間裏，一個星期都不出門，除了網路溝通外界之外，他沉浸於各類影碟，不管片子有多爛，都會津津有味地看完。按照他的解釋，這些片子的主題畢竟是向善的，而現實中「惡」太多了，所以他更願意通過這些爛的片子而不是更爛的現實本身去接近或逃避時代。孤獨是詩人的天性，他並不例外。在他新近寫成的文字中，對中國詩歌充滿了憂患：「中國新詩的經典部分是那方寸菲薄的綢緞，現在已經難以覆蓋我們眼下的荒原和祖國大地。中國新詩業已進化為（或是蛻變為）狼群，現在和將來都在吞噬只剩下幾個人的中國經典詩心。」讀到這些文字，再聯想到他多年來一直強化的心願，即「剩一雙眼睛凝視黑夜／留一顆心撫摸詩歌」，我突然覺得應該稱潘洗塵為中國詩歌病人似乎能概括他現在的狀態。

功利主義是當下盛行的事實，雖然在詩界只是一個虛幻的道具。近年來，潘洗塵高調「回歸」，連續製造出各種詩歌事件，在獲得一些人讚賞的同時，必然會惹來另一些人的非難。寫詩或者支持詩歌活動，對於現在的他來說，只是釋放骨子裏的詩歌情結，可以理解為一個理想主義詩人的本色行為。有人指責他花錢買名聲，這聽起來更為可笑，他需要那種虛無的名聲嗎？中國詩人現在缺少應有的情懷，除了寬容自己，或者說寬容自己的小圈子之外，很少有人正面、客觀和準確地認可他人的作品和活動。潘洗塵主動地承擔詩歌的責任，並把它視為莊嚴的事業，就我而言，我喜歡自由的個人寫作，不會選擇他的行事風格。至於他的天問公約，我理解為那是一群人的即興而為，贊同也好，異議也好，不值得熱淚盈眶或者大動干戈。潘洗塵始終一貫地為中國詩歌操心，其主觀能動性似乎是與生俱來的，作為老友，我不會勸阻他的任何衝動，只有盡可能做好他的一個幫兇，或者直言不諱的對手。

楊錦

冬日的海在孤獨中感到憂傷

前些年，楊錦在朋友聚會時會突然站起身來，把椅子拉向一邊，表情肅穆，在大家疑惑的時候，蒙古長調從他那渾厚的嗓子裏蒼涼而憂傷地飄出來。楊錦出生於內蒙古烏蘭察布大草原，他的歌聲與藍天白雲天然相連，閉目傾聽，似乎成群的牛羊走出天邊。他在哈爾濱讀大學期間，曾和楊川慶、潘洗塵等人投身到大學生詩歌運動中，一起肆意揮灑青春的熱情。

我和他同年畢業，沒想到又同來北京，他在《人民公安報》編輯副刊，曾一度轉向散文詩

▲楊錦（右一）與朱淩波、蘇歷銘

和報告文學創作，並獲過數個大獎。

當年他來長春時，我認識了這位草原的兒子，他不需要偽裝的憨厚讓他在之後的人生之旅中占盡便宜。在北京，每逢週末，他，或者我經常出現在對方宿舍的門口，然後拿著鋁飯盒，去食堂奢侈地添加時令小炒。楊錦的詩歌情結一直沿著大學圍牆綿延於自己的內心，即便畢業之後很少寫詩，而上世紀八〇年代他在機關報紙上開設「三月詩會」專版，一直在邊緣處看詩歌的繁華與衰落。他很早就成為中國作家協會會員，每當說起這件事時，他似乎總是不好意思起來。其實楊錦的散文詩成就是鮮為人知的，他的《冬日，不要忘了到海邊走走》一詩被眾多人熟知：「冬天，不管有沒有雪，有沒有風暴，有沒有遠航的船，你一定要到海邊走走，去看看寂寞的海，像看望久別的朋友或遠方不知姓名的戀人，給海一點微小的安慰，不要讓冬日的海在孤獨中感到憂傷。」他骨子裏的憂傷和細膩，情感中的博愛和憐憫，在他的《漂泊》詩集中比比皆是。

鑒於在散文詩領域的突出成就，楊錦在上世紀九十年代被任命為中國散文詩協會會長，那時正值我剛剛留學歸國。我喜歡閑雲野鶴似的生活，對於組織上安排的角色，有一種本能的抵觸。對他兼任會長之職，我經常冷嘲熱諷，覺得冠得虛名不如自己沉寂下來寫作。後來他終於辭去會長職務，我故作惋惜，說畢竟名片上可以印上體面的職務啊，怎麼就辭了呢？他冷冷地盯著我：「辭也是你說的，不辭還是你說的，你到底是什麼意思？」我開懷大笑，其實我知道他要出任出版社社長新職，根本沒有精力關心祖國散文詩事業的發展，況且這種職務似乎適合德高望重而又離崗多年的老同志來擔當。

楊錦一直戰鬥在公安戰線上，雖然並不握槍，但手中的筆更有份量。我至今還記得1985年秋，他出差到上海，當時我也在上海，我們在一家小旅館裏聊到天亮。主要談論他新結識的女友，看到他有些猶豫，我便不假思索地勸他選擇逃離。他點頭稱是，大有「天涯何處無芳草」之雄心壯志。可等我沒過多久返京去看他，仍然按以往的習慣推門而進時，沒想到那位知識女性正與他相依看書。我當時尷尬地傻笑，尤其那女子說楊錦已經把你的話都轉告我了，我恨不得找個地縫躲起來。現為某報名牌記者兼領導的徐翼至今還對我耿耿於懷，時不時地拿出來翻騰，我只能岔開話題，誇她越來越知性。

這些年來，楊錦對我的寬容源自於草原的胸懷，我可以肆無忌憚地在他面前對任何事物進行抨擊和憤怒，二十多年來他總是微笑傾聽。有時我在檢討，為什麼我在楊錦等老友面前過分囂張，是因為把他們當成另外一個自己，上蒼按此安排，我也無法改變，在接下來的餘生中希望能與他們角色對換，我也想只聽不說。楊錦本來應該成為一個地道的文人，但事實是他官運亨通，這讓我有些驚詫，轉念一想，以他的品質和能力，萬變又在情理之中。

汶川大地震剛剛發生，楊社長被網路中的詩歌所感動，第一時間決定出版《汶川詩抄》慰問災區。在詩歌熱鬧的中心，他是缺席者，但在需要詩歌的時候，他永遠不會缺席。在詩意喪失的時代裏，我們艱難地創造詩意，就像歌德曾經說過的，不斷向山頂推著石頭，而石頭卻不停地滾落下來。當我們也滾落下去，石頭或許已在低處找到安身的位置，它本身並不想置於高處，是我們主觀上總想把它當作高端的標誌。詩歌的蒼白不怪詩歌，而是號稱「詩人」的人把它當成壟斷或私屬的玩物，在圈子裏，在網路上，浮躁的功利在博弈中難分高低，詩反而在詩人的胸前成為配飾。汶川地震之後，一些貌似追逐純粹藝術的壟斷者開始反思，似乎只有他們在維護中國詩歌的尊嚴。他們剝奪別人的權利，肆意表現著自己的深刻和與眾不同，進而冷血地閹割詩歌和情感的關係。他們的做法令我感到噁心。

現在，楊錦忙得一塌糊塗，似乎在為祖國圖書出版事業貢獻著心血。不久前他去西藏，被青藏高原的天和地徹底震撼，這也啟動了心底的靈感，他通過短信發來相當數量的精彩詩句。說到底，楊錦還是個詩人，儘管他的肩章相當威嚴，骨子裏卻割捨不掉少年開始的熱愛。

這些年來，每到我生日的那天，他總要打來電話或發來祝福的短信，這始終溫暖著我。二〇〇八年，他生日的當晚，我等幾位老友喊他出來，我把蛋糕的包裝盒子疊成彩帽，生生地扣在他的頭上。本以為他會反對，沒想到他孩子般地歡喜接受，並不管不顧地戴了一個晚上。朱凌波起了久違的詩興，贈詩給他：「早晨的薄霧不屬於我們的生活／亞熱帶的綠色是上世紀的體驗／也許對於所有人間美景／我們都是匆匆過客／正如颶風掃過／狼藉一片或了無痕跡／太陽正從彼岸升起／面對波光瀲灩的大海／心存恐懼／因為我們已棄舟登岸多年」。一個詩人需要每天都寫詩嗎？其實有一首詩被人永遠地記住就是相當榮耀的事情。對於我，楊錦的《冬日，不要忘了到海邊走走》正是如此。

楊川慶

北國曠野上的雪松

見到楊川慶的第一面，他的儒雅和沉穩就根深蒂固地印在我的心裏，儘管那時候我們才剛滿二十歲。當時他在黑龍江大學中文系讀書，曾創建冰帆詩社，與在哈爾濱師大讀書的潘洗塵號稱大學生詩歌的「北國雙葉草」，他們曾聯名撰寫《詩的蓓蕾在校園綻放》，並在《當代文藝思潮》上發表。他和潘洗塵性格迥然不同，但當年配合默契，一唱一和，或者說是狼狽為奸，共同在上世紀八十年代譜寫了學院詩歌的黑龍江佳話。

大學畢業後，我以為楊川慶會在剛剛創刊的《詩林》雜誌社任職，而他卻回到家鄉雞西擔任《雪花》雜誌的詩歌編輯。這個少年老成的校園詩人，在大學生炙手可熱的年代裏，回到

◀楊川慶

三線城市必定難掩心中的失落，其中原委從未聽他講起，但沒過太久的時間他終於如願以償地重回省城。因為他們在哈爾濱，有時假期返家的途中我會在美麗的太陽島短暫地停留，在他的召集下，我見過當時活躍的校園詩人王雪瑩、陸少平、沙碧紅、王鑫彪、桂煜和蘇顯鍾等人，依稀記得在王雪瑩家中聚會時還留下數張黑白照片，那是一群多麼燦爛的笑臉啊！雖然新近在王雪瑩的博客上看到她不少靚照，其臭美程度儼然是當紅的女明星，但這遠不如青澀的表情讓人懷念。和楊川慶結為秦晉之好的陸少平，也在大學生詩潮中名噪一時，她的詩內外細膩、纖柔雋永、文思秀逸、冷嘯傳神，後來也隨夫君一道遠離詩歌，退回到生活的實處。而桂煜則把詩歌的重任一股腦地放在夫人馮晏的肩上，自己做起逍遙的閑雲野鶴。這些人和這些往事一晃已過去四分之一世紀的時間，其中大多數人未再見面，有時竟有恍若隔世的感覺。

楊川慶的詩基本上以雪原為背景，以情感為線索，是始終一貫的抒情詩人。二〇〇五年，他和我，以及潘洗塵、朱淩波、楊錦、李占剛、許寶健等同年本土出生的詩人曾出版《東北一九六三》詩集，算是時過境遷的一種紀念。包臨軒在《我的七個兄弟》一文中是這樣描述楊川慶的：「當時畢業於黑龍江大學的川慶，被分配到雞西市文聯一家雜誌社，他在哈滯留期間，經常來看我。那時的川慶身材瘦削高挑，穿著米色風衣，踏著深秋的滿地黃葉，多次走進我當時所在的一所成人教育學院那方不大卻很規整的校園裏。一條不長的甬道兩側，分列著高大挺拔但正在脫盡葉子的鑽天楊，是我和他常常駐足的地方。川慶是個話語不多而又頗溫和的人，內心中或許有許多的不平和隱痛，但他卻情緒內斂，從不輕易流露他去了雞西，向我告別的時候，他從容、安靜的風格何嘗不是一種堅韌？但我知道他的真實心情。若干年後他終於調回哈爾濱，我們又可以偶爾一聚了，當然這是後話。畢業離哈之際，川慶自始至終表現出來的那份自尊、自強和隱忍，與他那寫在紙上的明朗的詩，是多麼地不同啊。」楊川慶大學畢業之後，鮮有詩歌創作，從雞西返回省城之後，先後擔任過北方文藝出版社副社長、《名人》雜誌副主編、哈爾濱日報報業集團《家報》副總編輯，從這個履歷上可以清晰地看到他的職業脈絡，即在文化圈內卻是文化官員。楊川慶自幼熱愛文學，依他的文學修養和學識本可以出息成知名的評論家，但現實的抉擇中，他不僅放棄詩歌，在二十一世紀即將來臨的時候，突然調到政府機關工作，這出乎我的意料。

最出乎大家意料的是，他進入機關工作後悄然寫起小說，以官場為背景的長篇小說《政界》、《省長秘書》等，在全國各大機場、車站和碼頭的暢銷書架上熱賣，據說還被改編成電視連續劇等候黃金檔期。以他當年對詩歌之熱愛，我以為他的人生軌跡會與寫作密不可分，無法揣度他心中的情願和不情願，雙重人格的替換中，我能感覺到他微笑的背後掩藏著巨大的苦悶。每個人都無法逃脫現實的柵欄，但他能坦然步入，而又遊刃有餘，不能不說這種生活方式更適合於他，他在硬幣的正反面積累自己的經驗或者是尋求真理的出口。他曾在嘉蔭縣擔任過掛職縣委副書記，這段時間可能是相對自由的光陰，他有足夠的時間體察官場沉浮的冷暖。本以為他在原生態的山水之間，完全可以重新做回抒情詩人，但他選擇長篇小說的體裁，或許這種文學形式讓他覺得更可靠，更能詮釋他人到中年的深層思考。在小說《官道》裏，他敍述一個女縣委副書記因為一次偶然的人生際遇，被推上代理縣長的位子，表面平靜的生活被錯綜複雜的政界人生完全取代。由此展開理想與現實、公正與陰謀、愛情與絕情、感恩與懷疑、彷徨與決然之間的官道故事。在小說《省長秘書》中，他把秘書這個特殊群體，還原為有血有肉的普通人，讓人讀到了他們內心的隱秘世界，看到了六種不同德行的生活，體味了不同品性的人生，六種不同的命運……

前幾年路經哈爾濱時，楊川慶提出要在一個小飯館請我吃飯，到了之後我才發現，飯店是很小，但俄羅斯風格的舊房子裏，擺放著各種珍奇的江魚，而我酷愛吃魚，至今我都無法忘記小館的美味。每到夏天來臨的時候，他總會在電話裏真誠地邀我和他的大學同窗楊錦回到黑龍江休假，一起奔赴原始森林。而我總覺得政府要員不會有清閒的時間，全然不像我這樣的下崗人員之自由，所以幾次途徑哈爾濱猶豫再三後還是沒有撥通他的電話。他在大學時代是詩人的狀態，之後都是官員的狀態，即便他接連不斷地推出數部長篇小說。也許他心靈深處始終都沒有丟失詩人的情懷，但我還是無限懷念他表情上的詩人狀態，明亮、憨厚和可愛。

李占剛

他的歌喉一再失聲

在接受《鳳凰健康》專訪時，李占剛毫不遲疑地將自己定位為「詩人慈善家」，他把自己首先定位為詩人，並說詩人是他的人生傾向，也是他的存在方式。這位熱衷於慈善事業的詩人，在數年前突發奇想，以關愛農民工子弟的大型公益活動——「千予千願」（一千份愛心的給予滿足一千份心願）轟動了整個上海。李占剛不是富豪型慈善家，但他樂於大愛的奉獻，通過社會組織和創造公益慈善模式等來踐行愛心事業。

李占剛和我年齡相仿，從大學時期開始，即把自己的生命與中國的新詩緊密地聯繫在一起，他始終都懷著少年天真無邪的熱愛，一往情深地尋找著詩意的空間。他是我見過的把生活詩化的人，連他的人

◀李占剛（右三）與劉曉峰、燕子等人

生軌跡似乎也充滿浪漫的色彩。早年他由東北師大畢業後返回吉林市擔任大學教師，之後憤世嫉俗地在當地媒體擔當社會問題記者，一篇揭露性的新聞調查，逼他最後以訪問學者的身份遊蕩於俄羅斯的遠東。這期間，他沿著西伯利亞大鐵路，聖徒般朝聖普希金、列夫·托爾斯泰、阿赫瑪托娃、茨維塔耶娃、帕斯捷爾納克、布羅茨基等眾多文學家的故居，沐浴於俄羅斯崇高的人文精神之中。

我是在一九九一年出國留學前夕認識李占剛的。之前劉曉峰曾數次介紹過李占剛其人其詩，那天我們在北京三裏河臨街而立，他塞給我一疊詩稿後匆匆話別。我把他的詩推薦給阿吾，在《尺度》的創刊號上發表。轉眼就是幾年後的日本富山，劉曉峰又把他拉到日本留學，我們仨成為地道的校友。劉曉峰在出國前與我就是詩歌朋友，儘管我們性格不同，但在詩歌觀念上相當一致。記得日本阪神大地震的前夜，在他家裏圍繞詩歌問題我們曾熱烈懇談，凌晨離開時，他堅持送我回家，以便在積雪的路上把意猶未盡的話題談完。那晚在我剛剛入睡時，大地震發生了，幾乎把我震落床下。李占剛和劉曉峰在文學系，而我先期畢業準備歸國，但在交叉的滯留時間裏，我真正認識了這位骨子裏浸透詩意的詩歌少年。說李占剛是詩歌少年，並不是說他詩歌上的幼稚，而是出於對他少年般純真熱愛詩歌的敬重。

李占剛和劉曉峰曾是東北師大的同學，兩人對詩歌的癡迷完全在我之上。在日本大學院裏，李占剛一直關注著中國詩歌的發展和演變，他的碩士論文竟然是《論北島》，在當時全日本的中國留學生中間，恐怕無人再以中國詩人作為研究方向。他說要讓海外瞭解中國的現代主義詩歌，就必須從北島開始，為此，他曾懷著激動的心情，搭乘夜行電車前往大阪，看望由美國而來參加活動的北島。而北島也被李占剛專注認真的態度一直感動著，這些年來彼此始終保持著深厚的情誼。在北島剛剛落戶香港時，李占剛即從上海飛去看望，我記錄了這個片段：「他從上海獨自飛去／落在香港後／無疑只惦念晚上的時間／北島會乘地鐵前來／李占剛手提故鄉的啤酒／／北島落戶香港／從美國返回的空中／他已俯瞰大陸……之前晝夜顛倒／現在同一時差／之前隔著海／現在隔著網」。

李占剛最初是孤身一人東渡扶桑的，他住的宿舍離我不遠，我經常在午夜時分出現在他門口。我們席地而坐，一壺清茶，有時能聊到天亮。詩歌是我們之間永恆的話題。他自上世紀八十年代開始詩歌創作，他的作品和同時代的詩人相比毫不遜色，只是鮮有公開發表，以至於他的詩名很少被人知道。我先他回國，之後他與劉曉峰等人共同創辦中日雙語文學雜誌《藍》，不斷刊發和介紹中國詩歌，在中日兩國的文學圈子裏成為有效交流的載體。寫詩以來，我見識過各種各樣以詩歌為藉口追逐功利的人，李占剛卻從來不會，他對詩歌的態度始終是少年般的純粹和透明。

進入二十一世紀後，他學成回國，沒有回到舊地而是落戶上海。在《在一個無所事事的下午想起俄羅斯》中他描述自己落戶上海後的心境：「一個走南闖北的人／終於把家從腰帶上解下，安頓在南方／他像李白那樣散開長髮／將寫字比作弄舟／只是提筆忘言，扁舟擱淺在紙邊，一動不動／／近日總是陰雨連綿／記憶難免收起翅膀潛入潮濕的筆芯／而他的歌喉卻一再失聲／混合著樓下自由市場的叫賣聲／被緩緩駛近的重型卡車載向遠方」。

李占剛對國內市場經濟的巨變一度不知所措，他極其茫然地站在國際化都市的街道上苦苦尋找前行的方向。他可以在上世紀八十年代肆無忌憚地放飛思想，當歷史的車輪駛入21世紀以後，他顯得孤獨和迷惘。那時我恰在上海工作，只要晚上有時間，他總是隨喊隨到，我們坐在碧雲國際社區的咖啡館裏，話題多半還是他癡迷的詩歌。「文學是可以超越現實的存在，她應該像海鷗自由穿行在天空和海洋之間一樣，無拘無束、無礙無掛地飛翔於現實與夢想之間」，李占剛內心中始終懷有英雄主義和理想主義的情結，對自我靈魂的深度拷問，以及對人性本質的探索，在現實與夢幻的交織中，總是有一種莫名的失落。他天生屬於文學，而他在現實生活中最終確定的慈善事業，比任何商業性的職業更能讓他舒展內心。對慈善事業的選擇，似乎相當自然，不僅善和美及真在人類知識結構的終點是重合的，還因為對詩和美的熱愛而產生並強化了人文關懷，這易於使他關注生存狀態、生命狀態，進而推己及人，關心公益和慈善、大愛。公益和慈善本質上是改良和溫和的，而在青春的詩人年代，是批判的和激進的。

生活改變著我們，特別是在嬗變的年代裏，經常會發現某些美好的夢想已不存在。或者說，我們接近夢想時自己已變得面目全非。李占剛並不是富人，他卻能把自己的餘生獻給崇高的慈善事業，為偏遠地區貧困兒童四處奔波，幫助他們實現各種願望。前幾天他特意發來短信，告訴我把數百個取暖爐運往西藏，那種欣喜和興奮，像當年寫出絕妙的詩句。

李占剛的詩很少在紙刊上發表，對他來說，詩已變成生活。

華海慶

原始信仰裏的秘密

大學畢業後，我住在北京甘家口物資部大院十八號樓單身宿舍，同一幢宿舍樓的還住著一個詩歌青年——華海慶。這小子生於大連，長得白白胖胖，相當富態，有點像清末民初時期的紈絝子弟。本可以出落成手握實權的機關幹部，他卻沉迷於詩歌的寫作之中，在某些人的眼裏變成十足的怪人。詩人是個奇怪的圈子，你會在人群中發現同類，在同類中找到熱烈的回應。

在我自費出版《白沙島》詩歌合集之後，他也按耐不住衝動的心情，自費出版了《流浪的日子》個人詩集。他以極大的熱情，四處找尋京城的同黨，他曾

▲華海慶和他的孩子

帶我去萬壽路顧城的家，那天顧好像是去了定慧寺舉辦詩歌講座，謝燁在家，我們寒暄後便匆忙告別。他還跑到《十月》找駱一禾，跑到《中國》，跑到《醜小鴨》，還從《詩刊》社幫我帶回端午節詩歌朗誦會的邀請函。當年北京詩壇上的趣事軼聞，我大都從他活靈活現的描述中獲得各種資訊。他有時天真得近似於孩童，沒有陰暗的城府，每到夏天就穿著大褲衩在物資大院裏閒逛。他不習慣於機關工作，曾一度想調到文學單位工作，但那個年代缺乏流動的條件，比如新單位不能提供單身宿舍，都會使人的憧憬和嚮往最後夭折。

那時我兼任國家計委的團委委員及某局團委書記，他就極力煽動我挪用團費，在物資禮堂裏組織一場詩歌朗誦會。為了讓我繼續裝成踏實的機關幹部，他出面張羅活動所有的安排，用團費買來北冰洋汽水，邀請當時在京的雪迪、黑大春、馬高明、鄒靜之、呂德安、老木等近百位青年詩人與會。雪迪還聽完我的《槍手》後，幽默地作出開槍的姿勢，嘴裏迸出「呯」的聲音。鄒靜之在多年後還記得我們是在那一場詩會上見面的。詩評家樓肇明住在我們的大院，他也參加了這次詩歌朗誦會，拿走我寫的《香港島》組詩，推薦到一家雜誌發表，同時他還熱情地寫下這組詩的評論。這讓我有些受寵若驚，迄今為止，這也是寫詩多年來來自評論家的惟一一篇關於我詩歌的評論文章。

華海慶以「情緒詩」作為個人流派，參加過一九八六現代主義詩歌大展，他在《斷指》中曾這樣寫道：「斷指的空缺／總誘惑我們不停地去填充／這是個秘密／在我們的原始信仰裏面」。那時我們共同接待過各地的詩友，其中就有重慶詩人虹影。當時虹影的工作單位在重慶物資單位，和華海慶同屬一個系統，我不記得虹影第一次來北京是出差還是尋求文學發展，她送給我們一本薄薄的個人詩集《天堂鳥》。虹影的字比較端正娟秀，她咯咯的笑聲很有感染力。後來虹影在魯迅文學院學習，其間和蔡其矯還來過我們的宿舍。一九八九年五月，我們巧遇於天安門廣場前，匆忙寒暄後各自在百萬人的洪流中消失，之後就杳無音訊了。一九九四年七月，我隨日本一家電視臺回國拍片，在大連由朱凌波帶我去見一些參加中外比較文學會議的代表時，我又見到了虹影。功夫不負有心人，此時虹影名聲雀起，已經成為旅英著名作家了。

時空的轉換，地理的變遷，不斷地讓人失去一些東西，包括朋友。但有些人即便一生沒有音訊，他在你心中會永遠存在。一九九一年我去了日本留學，次年華海慶去了加拿大，隔著太平洋，彼此為了生計和學業拼命地掙扎，輾轉中失去了聯繫。回國後我曾多次向他的舊同事打聽他的消息，可大家都搖頭不知道他最終落在美國還是加拿大。一直到了二〇〇五年一月，為了等待與客戶碰面，我在上海閑呆多日，其中的某一天，上網收取電子郵件時，無意中發現華海慶的郵件。感謝網路，他竟能在網上搜索到我的有限資訊，然後聰明地尋找到我的電子信箱。按著他留下的聯繫方式，撥通了他的電話，聲音似乎沒有任何變化，才知道他已落在廣州。電話裏他簡略談到分別十五年來的際遇，這位曾經愛詩如命的人，在海外不斷為生存搏弈和沉浮著。

一年後，在廣州我見到闊別多年的華海慶，他已不再像當年那樣侃侃談詩了，生活改變我們，或者說生活大於一切。那天我是晚班飛機，他堅持過來看我，把我拖到街邊的夜店裏吃廣州的小吃。他變化並不大，已經成為加拿大人的他，不停地講述十多年的遭遇。我突然想起他當年曾寫過的《歲月》一詩：「歲月是一枝不能抵達靶心的長箭／我是引箭上弦的人／次次射出　次次墜落／歲月是一彎永不圓滿的月／終生即是歲月／一瞬也是歲月／你也歲月　我也歲月／都不能抵達　不能圓滿／卻又必須交付歲月。」這寫於青春期的詩歌，竟預示著每個人的宿命，而我們繞著現實世界的圓弧，塵埃般地飄浮，相識和別離，相聚和散去，在歲月中各自變成「抵達不到靶心的長箭」。在和他午夜痛飲時，我強烈地產生過這樣的想法：我期待早日閒置下來，我要漫遊各地，把生命中失蹤的朋友一一找到。

華海慶現在又浪跡上海，這個加拿大籍的中國大連人，正像他當年詩集所起的名字——流浪的日子，他從廣州遷徙到上海，環繞中國的東南海岸線巧合般地兌現當年不經意的意念流浪，有時是情願的出遊，有時是被迫的流放。在金融危機的當下，他的美國買辦職業遭受慘重影響，他似乎正處於失業之中。前幾天的凌晨，他突然發來短信，曖昧地釋放著鬱悶的情緒。我是天已大亮時才發現他的短信，顯然他在孤獨和痛楚中才向老友發出悲涼的感歎。我在電話中勸他，是否可以由此給自己放假，趁此時機回到熱愛的寫作裏，或許在間隙的調整中，詩歌能使自己獲得久違的巨大愉悅。

西川

夕光布下了陰影

大學畢業剛到北京時，我和同住一幢宿舍樓的華海慶曾去過北大，在三角地附近的地攤上，看到有人在賣《新詩潮詩選》、《青年詩人談詩》等書。囊中羞澀，我只買了一本黃顏色封面的《青年詩人談詩》，攀談時才知道賣書的人即是《新詩潮》編者老木。他說起北大還有駱一禾和西川，並說一會兒帶我們去和西川見面。那天是周日，西川並不在校，後來我們邀請老木參加在甘家口舉辦的詩歌朗誦會。

二〇〇九年春節，我在上海體育館外的旅行社打探前往水鄉的車次時，接到高星的電話，他說西川正在五棵松附近，高星想中午邀請幾位老友一起聚餐。我無法參加，但那一瞬間我開始認真

▲西川與海子家人在一起

回憶和西川數次見面的情景，可我始終沒能想起我們第一次見面的細節，那時我與北大詩人似乎沒有聯繫，見面無疑是在某次朗誦會上。當年西川一臉美須、一頭長髮，背著他的大書包，朗誦時聲音和表情相當到位，是我見過的詩人中最具朗誦才能的人。後來他在電影《站臺》中出演，這並不讓人擔心，他的本色足以勝任劇中的角色。

有人說，描述西川存在著意想不到的麻煩與困難，首先作為一個詩人，他一直處於被關注狀態，圍繞著他有許許多多的故事、爭論甚至是傳說。而一旦描述他，卻突然覺得他離得極遠，很陌生、很神秘，不知如何下筆。在上世紀八十年代出道的詩人中，西川是兼顧中西底蘊深厚的溫和之人，他外表儒雅內心狂野，文字優美思想鋒利，在某種程度上，他的名字就是北大詩人的代名詞。無論他後來的作品如何被譽為經典，我總是記著《夕光中的蝙蝠》、《十二隻天鵝》、《在哈爾蓋仰望星空》、《把羊群趕下大海》等早期詩作，他的《讀1926年的舊雜誌》一直被我深刻地記著：「一頁頁翻過，疏散的槍聲／遠遠越過枯竭的河流／發黃的廣告竟魔力無窮／我無憂無慮地看那紙上的／夕陽隕落。我應該回到那個年代，傾囊而出／買一枝鋼筆，或／一架嘎嘎響的風琴」。

一九八九年五月三日在北京國際飯店紀念五四的青年詩會上，我遇見西川，那時海子剛剛在山海關臥軌自殺，說到此事時大家心裏充滿惋惜悲傷之情。我見過海子，但不是走得近的朋友，他的「為陌生人祝福」詩句曾讓我感受到他內心的寬闊和寂寞。現在海子之死已經成為某種神話，每年在他的忌日都會舉辦各種紀念活動，而我寧願在書櫃裏取出海子詩集安靜閱讀，這是我對同時代詩人個人懷念的最好方式。對於西川堅持把海子的詩歌整理出來，這種詩人責任和兄弟情誼是值得敬佩的，因為西川的貢獻，海子將長久地存活於中國詩歌之中。我曾說過，中國人連死都不怕，還怕活著嗎？尤其是看到海子年邁雙親的照片後，心情更為複雜，真希望海子能平凡地活在人世間。

一九八九年是我們這代人的精神分水嶺。西川說：「海子，駱一禾他們死了以後，我對黑暗的力量特別有感受，這些東西最終使我的寫作方向產生了一些變化。」海子和駱一禾的死對於西川的意義，就是對生命的恐怖，對友誼的絕望，是命運和現實把他逼回孤獨的內心世界，他便沉於黑暗，沉於夢幻。這是西川思想和創作的變化。其實從那之後大家都在選擇自己的道路，我等不及英語國家大學的通知書，懷揣日語五十音圖的教程，登上飛往東京的飛機。等我留學回來，曾在萬聖書店裏遠見西川，他在低頭挑書，我並沒有過去寒暄。沒過多久在簡甯的黃亭子酒吧再次偶遇西川，他一個人來，那天閒聊時我還煞有介事讓他關注股市。那時我才知道他早已離開新華社調到中央美院工作，即便樣子未變，但內心的裂變和豐富已經映襯在他的臉上。在北島回來的聚會上，我也收到西川贈送的譯著《博爾赫斯八十憶舊》，此書剛剛出版，他特別說明因為時間倉促，其中一些錯字沒有校對出來。

二〇〇三年在深圳，西川作為老青春詩會的代表，他在會場上發言時講述現代人要與傳統真正發生關係，與橫向的異域文化發生聯繫。他還談到對詩歌需要一種持久的熱愛與潛心的研究，表面的熱鬧是沒有意義的。在同代詩人中，西川的文化視角開闊而清醒，自然平和中兼備宏觀的審美視域和獨到的藝術見解，他的銳利和「野性」，並不完全表現在語言或表情上。西川曾問過我「為什麼和有些詩人保持良好的關係？」當時我一怔，脫口回答說可能是地域上近距離的原因。後來我在楊黎的《燦爛》一書中，看到郭力家接受採訪時滿嘴髒話惡評西川等人的段落，不免有些愕然。盤峰會議不像是詩歌觀點的藝術之爭，倒像是蓄意製造的一場對抗賽事，老老實實寫作的人最終還會選擇在生活中寫作，而玩票的起哄的也都會自動退場。那時我剛剛回國，聽說西川作為知識份子的代表正與民間派據理力爭，這超出我的想像，我想像不出來溫文爾雅的西川會與各色人等進行無味的論戰。有人曾問我，你站在哪個立場，現在是表明態度的時候。從我寫詩以來，中國詩歌界一直都有這樣的傳統人，必須要站隊，必須要決裂，好在我一直都處於詩歌邊緣，人微言輕，根本不需要污濁自己，也不會在看臺上做無聊的看客。

唐曉渡曾說：「以前和西川討論過現代知識份子和傳統文人的區別問題。照我看，一個重要的分野就在於：知識份子是批判的，既批判社會也批判自己，而文人很容易趣味化。說西川是知識份子詩人或心儀知識份子，注意這一區別很關鍵。中國是有文人傳統的，詩人大部分也置身這一傳統之中。反過去看，具有現代知識份子意味的傳統文人不是太多。像蘇東坡是非常豐富的，但過於趣味化，從根本上說還是一個文人。西川是一個很有趣味的人，同時又對趣味化始終保持著警惕。一個現代知識份子跟中國文人傳統的理想關係是：既能汲取它的營養，又不會掉進趣味化的窠臼裏去。」

西川通過英語的通道打開西方語言世界，崇尚莊子的他也善用中國古典詩詞的語言精華，這使得他的寫作具有堅硬性、廣闊性和永久性，即便他的寫作不斷遭遇自身的尷尬。

李亞偉

中文系是一條灑滿釣餌的大河

四川盆地是上世紀八十年代的詩歌子宮，朦朧詩之後，它孕育和出現了一大批優秀的詩人，一直進入二十一世紀，我才有機會前往嚮往多年的天府之國。當晚見到鍾鳴，他當時在成都郊外的鹿野苑裏，守著一批漢代文物做現實的「旁觀者」，「深夜的時候，我常常站在城市街頭，對著浩瀚的星空，思考這樣一個問題：我為什麼如此優秀？」他帶我去白夜酒吧，坐在夏日的成都街頭閑飲一瓶紅酒。那時趙野長居北京，似乎經常前往香格里拉，他的「在老人的悲憫裏醒來／

▲李亞偉（右一）與尚仲敏、王琪博

孩子的喃喃中入眠」詩句，一直讓我感覺到他超越年齡的坦然。當年我曾與尚仲敏、胡冬、燕曉冬等人通信，之後的時間裏在不同場合見過各類四川出身的詩人，四川一黨人抱團打天下的特點與其他地域的詩人明顯不同。

信函是當年最普遍的通訊方式，見字如面，遠比現在發達的網路、手機等現代通訊親切。尚仲敏在一九八五年七月九日給我的信中，他說：「我今年七月畢業，被分配到北京水利水電建設總公司工作。我可能在七月二十日左右去京報到。望來函（速來函）告訴你的具體地址，具體去京時間定下來後，我可電告你具體車次日期，望你能在北京車站接我。我四月中旬去過上海，曾騎宋琳的自行車到過你實習的那個鬼地方，是和陳鳴華一起去的。等了你一個小時，未見你。」楊黎說他在北京呆了三個月便返回成都，而我一直以為他沒來北京直接留在成都了。二〇〇二年夏在成都的一個晚上，大概快十二點了，我按著朋友提供的地址，事先沒有聯繫就黑燈瞎火地摸了過去。本來當年應該的見面，拖了近二十年。在自己的茶館裏，尚仲敏正在和朋友打牌，見到我時眼睛頓時放亮，立即停止酣戰的牌局。之後開車帶我左拐右彎地去了一家酒吧，除了喝酒之外，他還叫了一隻燒烤的兔子下酒。如果這裏不是燈紅酒綠的城市該有多好，坐在都江堰的草坡上，點燃篝火，把失散於歲月之中的人與事細細地盤點。

我是一九九九年十月在北京惠僑酒店第一次見到李亞偉的。當年他口語化的《中文系》與眾不同：「中文系是一條撒滿釣餌的大河／淺灘邊／一個教授和一群講師正在撒網／網住的魚兒／上岸就當助教／當屈原李白的導遊／然後再去撒網。」我相信，這首經典之作至今還會讓許多的寫詩之人能夠清晰地記得。當時野夫正在幫我製作《有鳥飛過》詩集，等封面設計完成後，野夫要求我一定過去看看效果，在惠橋飯店的工作室裏，我才知道這裏是張小波、郭力家、萬夏、陳琛和李亞偉等人共同的設計室。他們挖掘二渠道資源，喝花酒打群架，在北京一起紙醉金迷地、抑或艱苦卓絕地發展社會主義的圖書出版事業。

關於先鋒，李亞偉在董瑞光詩集《獨自坐在山的對面》的序中談到他的認識：「現在很多貌似先鋒的詩人，其實是小圈子裏面的流行詩人，是小市民趣味的文化符號。」「一些詩人會在他的詩歌裏不厭其煩地寫西方作家的名字，一些詩人則會在他的詩歌裏動情地寫他的愛人。」「西方現代作家的價值觀和論調近二十年來，被我國一些文化盲流用作話語霸權的武器和文化審美的後勤，漢語詩歌中好滋味的部分被大規模地遮罩和偷換。唉，我也曾參與其中，但如今，我被那些目的性和指向性極強的伙食吃撐住了，再也吃不下去了。」

二〇〇三年耶誕節，在北京小營路的上島咖啡店裏，京城裏「體面的和不體面的」、「逃稅的和不逃稅的」一百多位「牛鬼蛇神」熱鬧聚會。我和同去的朱凌波提前離席，在門口遇見李亞偉，他說大家準備徹夜狂歡的，最好留下來。我說一會兒再回來，其實那時已近午夜，回來只是體面的托詞。李亞偉在商海澎湃的年代裏也以書商的面目出現，但我的直感是，他雖是忙碌的書商，卻不會在這個無序的行當裏走得太遠。他的骨子裏天生就是一個詩人，天性之自由和散漫總是在最後時刻影響他的決斷，穿越表面的風光，他的內心中永遠彌漫著詩人的寂寞。正像他自己說的那樣，他是一個一玩就要玩幾年、一寫就要拉開架勢寫的那種人。如果是民工，他會是猛幹幾年，然後拿著錢到處旅遊、走遍天涯、吃香喝辣的那種民工；如果是農民，別人每年要種兩季、三季稻子，而他可能是只種一季，然後穿著新衣服進縣城去吃喝嫖賭的那種農民。李亞偉應該生活在唐宋時代，自然經濟的狀態他完全可以撇開銀子放浪形骸地漫遊每一條河流和每一座山脈，可他在市場經濟的衝撞中不得不種上一季稻米。前些年有一次我無意進入甘家口社區的一家四川小館，店內之雅氣頓顯主人的文化品位，一聊才知道他竟是當年和李亞偉一起寫詩的二毛。

由於閱讀取向和寫作觀念的差異，李亞偉對待朦朧詩的態度與當時的學院詩人顯然不同，對第三代詩歌運動予以崇高的評價。他說第三代詩歌運動給中國文學史貢獻了群星璀璨的詩人群，其可能留下的遺產是很多大詩人和式樣繁多的經典詩歌。是唐詩、宋詞之後的中國文學史又一次歷史性的繁花似錦。一九八四年，他和萬夏、馬松、胡冬、二毛、梁樂、胡玉、北回歸線（蔡利華）等人豎起莽漢詩歌的旗幟，他期待詩歌寫得誰都能讀懂、誰都能喜歡，要「獻給打鐵匠和大腳農婦」，要把愛情詩獻給軟娘們兒，把打架和醉酒的詩獻給卡車司機和餐館老闆，其《中文系》應該是最早口語詩歌中的成功樣本，也是這首詩讓他的詩名傳出四川盆地。莽漢並不莽，李亞偉骨子裏是一個儒雅之人，必須要剝離他身上的盔甲才能抵達他柔弱敏感的心靈。李亞偉在回答馬鈴薯兄弟的提問時曾說：「能讓詩歌通向大眾的詩人肯定不是一般的詩人。我非常敬重這樣的詩人。」

寫作的人大抵分為兩種類型：一種人的特點是終生一種風格，另外一種人就是不斷創新。以李亞偉之性情無疑屬於後者，不斷超越自己，總能寫出新鮮的作品，或者說追求詩歌的先鋒性才真正符合他的性格。他說：「朦朧詩一夜之間喚醒了全國沉睡的小夥子和大姑娘，無數識點字的青年都爭相閱讀，那是地球上最特殊的一段歷史造成的文化饑渴的絕地反彈，和歐洲中世紀禁欲主義剛被打破時歐洲漢子們狂吃海喝的盛況一樣。那是文藝史上僅有的現世報。但通常的情況，最先進的文化需要一段小小的時間與生活磨合才能引領生活，最前衛的詩歌、藝術也需要一段小小的時間與社會審美挑釁才能被審美。最標準的現象是，一個詩人在被大量閱讀時，他要麼早消逝了，他要麼還幸運地活著，卻不再能創新。而如果被老辮子和小辮子們奉為經典欣賞著，那他肯定早死得不知到那個朝代當古人去了。」

有人說李亞偉去香格里拉了，有人說他回四川在成都弄餐館了，也有人說他在北京嘗試其他商機的可能，我只知道他在自己的博客裏不斷地寫出新作，獨行於個人的《河西走廊》裏，寂寞並快樂著。

簡寧

懷念一隻遺失的暖鞋

當年的黃亭子五十號酒吧早就不存在了，它的背後已經修建成元大都遺址公園。在我剛回到北京的時間裏，那裏曾是眾多詩人頻繁出沒的地方，不僅能與舊友相逢，還可以和眾多的新面孔互致微笑。在上世紀九十年代末的一次詩歌朗誦會上，曾遇見當時還在福利院的食指，看到陌生人，他的目光會有一絲惶恐，這時劉福春便悄悄地靠近他的耳朵說：自己人。食指頓時露出孩子般的笑臉，然後伸出溫暖的手掌。

之所以黃亭子五十號會成為詩歌聚眾場所，完全是因為它的主人簡甯本身就是一位優秀的詩人。還在吉

▲簡寧在黃亭子20號朗誦

林大學讀書時，我就知道簡寧的名字，當時他在《飛天》雜誌上發表過一首女跳水隊員的詩，留給我深刻的印象。我一直記得簡寧的名字是因為他這個筆名是由愛而誕生，這個名字就是他喜歡的女孩子名字的諧音。那時簡甯在中國科技大學讀書，本可以成為祖國科技棟樑之才的他，竟然置科學家的崇高稱謂而不顧，非要頭頂文學的花冠。一九八四年，他的《小平，您好！》一詩突破傳統的平庸寫作手法，恰如其分地表達出我們這代人對一位偉人真摯的情感：「假如我能代表人民（我是說假如，實際上／我只是個普通的中國學生／也是一個憨厚得像一頭牛的／老農民的孫子）／假如我能代表人民／我要喊你親愛的孩子／（原諒我／我已經不再習慣／把所有站在高處的人／都稱為父親）」。在這首詩中，簡寧大膽使用「親愛的孩子」等語句，在習慣於膜拜歌頌的傳統詩壇上引起不小的震動。

與其他學院詩人不同，畢業於中國科大的簡寧在其後來的詩作裏明顯帶有理性的澄澈和透明等藝術特點，他一向以溫和的激進姿態、深摯而略具寒冷的個人體驗以及清朗凝練和熱核聚變式的詩歌語言而引人注目。包括為人和處事，簡甯同學自始至終都保持著一貫的謙遜之美德。簡寧說過，詩歌是一切藝術的基礎，即便後來曾寫過電影劇本等多種形式的文學作品，而詩歌創作對他而言應該是最真實可信的文學感受。他忠實於純樸的感覺，從來不把自己觸及不到的意象放入自己的文字之間，他與先前的自己不同，與各種傾向的同時代詩人也不同，其靜水流深的創作態度帶來後來大量純粹的作品。可惜我不是評論家，無法清晰地闡釋簡寧詩歌之不同的藝術特徵，但我知道他來到北京之後所寫的簡短詩歌給我帶來過獨特的享受。「我們如何才能這樣進入事物的影子／既抵達了核心，本身還是自然／像翠鳥，離開這首詩，飛臨淙淙流動的水」。

和簡寧第一次見面是在一九九一年，那年阿吾策劃出版《尺度》詩刊，從印刷廠把半成品拉到我五棵松的宿舍，然後簡甯、高星、斯人等人紛坐在地上，一張一張地折疊詩報，一個晚上我們揮汗如雨地在治理整頓時期洋溢著鮮有的詩歌情趣。等我再見簡甯時，是我留學回國之後，中間間隔了近十個年頭。黃亭子五十號紅火的那幾年，曾見過廖亦武、莫非、樹才、阿堅、楊克等眾多詩人，一次廖亦武坐在酒吧門前的空地上，在夜色裏吹響迴腸盪氣的簫。我還曾分別陪阿吾、程寶林、錢葉用、宋詞等人前往簡寧的酒吧。有時簡寧不在店裏，老友們就讓店員打電話喊他，簡寧急衝衝地趕來，看樣子他已習慣於這樣愉悅的奔命。後來，簡寧的酒吧終於關張了，黃亭子五十號酒吧永遠地留在上世紀九十年代末的詩歌回憶裏。

前幾年我想涉足出版行業，曾去簡寧的嘉孚隨圖書公司拜訪，特別希望獲得他經營上的真傳。莫言、鄒靜之、田壯壯、樹才等人好像都是這家公司的股東，強強聯合必然所向無敵，而事實是圖書競爭之殘酷和無序，令簡寧不斷地長籲短歎。從以往酒吧、餐館的經驗上判斷，簡寧不應該直接站在經營的一線，並不是每個安徽人都可以成為徽商。忘了是在哪里曾看見過一張簡寧穿著空軍制服的照片，只有那一刻我才清楚地意識到他是革命軍人，可生活中我總是忘記他的軍旅職業。

最近幾次見到簡寧，他總是興致勃勃地談到幼小的女兒，一次說他用奶瓶給孩子餵奶，一次說他徹夜用涼毛巾為高燒中的孩子降溫，在慈父之形象漸漸高大起來的同時，我也深切地感受到他老來抉擇的艱辛。但簡寧總是笑呵呵的，從那時到這時，一臉的快樂始終不變。他少年時期深受浪漫主義詩歌的影響，之後又在現代主義的疾風驟雨中確定自己的文學傾向，他喜歡蘭波，甚至把他當作青春的偶像，對同是安徽出身的朦朧詩人梁小斌給予他的文學觀念和生活經驗之影響總是充滿敬意。

當年《簡寧的詩》賣出八千冊，簡寧很感謝買他詩集的讀者，並說自己一旦有錢，真想把書錢還給這些讀者，因為詩歌基本上非功利的。簡寧希望有一天能放棄所有的工作，回到掃地的地方去……這一代人多麼相似，都想儘早實現心靈的自由。可我要告訴簡寧，掃地輪不上你的，你必須要送小女兒上下學，還要輔導她的功課，而她坐進課堂的時間裏，你還得準備營養的晚餐。我們這一代人心中都有美好的願景，它總是放射出絢麗的光芒，這個光亮或許用整個餘生都難以靠近，我們只能在空隙裏不停地向它張望。

錢葉用

因黑暗而感覺平安

九十年代中期，剛從日本臨時歸國的我，意外地接到錢葉用的電話，說他已經從安徽調入北京工作。話筒裏噪音極雜，隱約中我聽他說在中央工作，頓感國內巨變的暈眩。當晚趕到他指定的大西南飯店，見面後才知道他在致公黨中央任職，但不管怎麼說，咱中央裏有人了。

錢葉用和我同年考入大學，他在安徽師大組織「江南詩社」時，我在吉林大學組建「北極星詩社」。在八十年代大學生詩潮洶湧澎湃的年代裏，錢葉用是一個不容忽視的名字，他和沈天鴻、蘁詩

▲錢葉用（中）和楊錦、蘇歷銘

元、袁超、祝鳳鳴、查結聯等人讓蕪湖成為中國學院詩歌的重鎮。在大學時代，我和錢葉用因為通信而成為知己的詩歌兄弟，他的字寫得非常雋秀，經常隨信抄來新完成的詩作。「五千年的一隻鐵雀兀立我家的屋脊／它鐵青而鋒銳的爪／握住了村鎮數千年的景觀／繽紛的霧水潤滑著它張開的羽翼／使其披蓋著露珠的噴泉／射出一道長虹貫穿了東方的天幕」。現在，互聯網已經滲透人類的每個角落，而他當年風靡詩壇的優秀詩作卻難找到，這或許和他一貫的低調以及離開詩歌現場有關，但令我有些難過。

一九八七年在得到他在魯迅文學院學習的來信後，我和華海慶乘坐一〇一公共汽車從甘家口前去看他。我印象中見到廣州詩人馬莉，那天伊甸也在，當晚心急火燎地趕寫雜誌的約稿，我們就和錢葉用一同在附近的小餐館裏喝酒。在學期間，錢葉用也經常從大東邊跑過來，留給我印象最深的一次是一九八六年秋天，他領著《十月》文學雜誌詩歌編輯來我的宿舍。那天晚上，我們在走廊的煤油爐上炒出一桌好菜，幾個人開懷暢飲，把酒臨風，縱論今古。我雖然酒精過敏沒有酒量，但勸酒的功夫還比較到位，再加上華海慶的捨命相陪，使得錢葉用和詩歌編輯舒坦地進入半夢半醒的狀態。微醉時錢葉用還特別認真地問我：你能理解熱鍋上螞蟻的痛苦嗎？我說能夠理解，其實我的腦子裏想到應該再放些細粉絲，就是一道「螞蟻上樹」的菜。我知道他總是思索著人類許多痛苦的問題。不知不覺時間超過了十一點，末班車已經收線。錢葉用和詩歌編輯不顧我們的盛情挽留，堅持坐夜班車趕回魯院。那個年代是否有計程車已經沒有記憶，那是奢侈品，與我們這群初出茅廬的小子們全無干係。當時我所在的單位福利巨好，我便裝滿兩大塑膠袋蘋果，送他倆搖晃著趕到夜班車站。夜班車間隔時間較長，我不能陪等，華海慶等人爛醉於餐桌旁，我還得回去喊醒他們。次日上午錢葉用打來電話，我才知道後來塑膠袋破裂，蘋果散落一地，他和戴著深度近視眼鏡的詩歌編輯在漆黑的大街上摸呀、摸呀。據說天已放亮，他們終於將蘋果逐一找回，然後用衣服裹著，在秋風蕭瑟的凌晨趕了回去。

或許是大學畢業分配到安徽少兒出版社的緣故，一段時期裏他以「嬰草」、「錢與」等筆名，創作出大量兒童文學作品，曾出版詩集《一個孩童的旅程》、《積木城的太陽》，散文集《十二隻黑天鵝》等。安徽人重視人文精神、講求理性追求、注重生活品位等特點集中體現在錢葉用的身上，即便普通話普及多年，他的安徽口音還時常貫穿於他的話語之中，尤其是他的笑聲都能傳遞出安徽的雅趣。

當年，錢葉用以《揚子江，我心中的江》高調出現在中國詩壇上，之後連續發表大量優秀詩作，迅速成為中國學院詩歌的代表人物之一。他曾說過，詩人必須是高貴的。他總是恰到好處地選取最能表現本質特徵的表像進行詩歌創作，「北方／是群山和曠野／是慓悍的漢子／和烈馬／是白毛風中飄揚的銀麥秸／是悠長的無標題的牧歌和傳說／是滾滾的黃河畔年輕的向日葵……／駱駝從大漠沙丘走來／飛天從敦煌石窟走來／冰雪從西伯利亞走來／雁和燕子／在溫和與寒冷之間穿行……」寫這首詩的時候，錢葉用並沒有來過北方，但他能以一個詩人的靈性飛行於北方的天空，他拉寬自己的視野，選取了北方最富於特徵性、表現性的表像：群山、曠野、烈馬、白毛風、銀麥秸、駱駝、飛天、冰雪、大雁……然後以異鄉人的感受呈現出一幅生命感的北方畫卷。

大學時代，我曾把在電子科學系的安徽學子野舟介紹給他，詩歌也使他們保持著純淨的友情，不僅如此，吉林大學之後的高唐、杜占明、伐柯等詩人也因野舟的緣故，和錢葉用成為莫逆之交。錢葉用以其詩人般的憂患情懷對時政和民生予以特別的關注。前幾年一次聚會上，具有強烈攻擊性的伐柯，曾和他進行辯論，最後還是錢葉用微笑停止表達，伐柯才漸漸平息下來。錢葉用之溫和和平靜，在這個物欲橫流的時代裏雖顯可貴，有時卻會陷入莫大的孤獨。在出版個人詩集《南中國詩草》後，這個曾經的學院詩歌領軍人物徹底地離開詩歌現場，他不屑於當下的詩歌狀態，卻又無能為力，在詩歌邊緣做了藝術的啞者。非典時期我曾去通縣的住所看他，久未寫詩的他念起自己剛剛完成的非典詩，著實出乎我的意料。

雖然同城而居卻難以經常見面，北京之大時常讓我們疲憊得隔街喘息，失去奔跑相擁的力氣。而時代又取締了書信的愉悅，偶爾在電話裏互相的詢問和叮囑，是我們在人生旅途上所能做到的全部。復旦詩人孫曉剛說過「若干年後，也許我會再寫詩，畢竟做生意不是最終追求。」我有一種期盼，或者說冥冥之中有一種預感，當年那群瘋狂投入詩歌的青年，他們最終都會回到詩歌中來，在鉛華洗盡、百態褪色之後，曾經點亮我們青春的詩歌，在老來將至的時間裏，應該最能讓這群老不死的年輕人重新煥發出生命中最熾熱的激情。

傅亮

欲望號街車

一直到現在，我依然保留著大學以來的所有詩歌通信，其中與復旦大學傅亮、華東師大陳鳴華等人的通信非常頻繁。當年剛到上海，我即按照傅亮信中提供的交通路線，從交通路到五角場，去復旦大學看望這位神交已久卻未謀面的朋友。傅亮同學當時正值畢業前夕，那天他不在校，他的同學朱光甫接待我，一起到校外的小攤上吃陽春麵，並安排我當晚睡在傅亮的床鋪上。

「請不要阻止我心靈的徜徉，不要指責我步履的奔放！/既然是陽光明媚的早晨，我們的思想就不該有任何掩藏」，傅亮出道較早，在大學畢業之前，他已寫下

▲傅亮（右一）和宋琳、徐芳、潘洗塵、陳鳴華、蘇歷銘等人

《自行車與五香豆》、《我們的秋天沒有眼淚》、《紅棕櫚》、《外套之歌》、《欲望號街車》、《每個人的河流》等風靡校園的詩篇。傅亮是個非常率真的上海人，交談時偶有結巴的嫌疑，但進入朗誦狀態，猶如行雲流水，流暢且極富感染力和殺傷力。他那大段大段的詩句，在學院詩歌中具有獨特的風格。他擔任復旦詩社社長期間，可能是與華東師大夏雨詩社聯繫最為密切的時間，他和陳鳴華經常混在一起，共同沐浴在詩歌的光環裏。我在上海的一年生活裏，經常與他們倆見面，有時他們也到真如這邊看我，至今我還清晰地記得在大排檔裏，傅亮、陳鳴華和我展開愛情的討論，在觀點相左時，傅亮起急，說：別、別他媽的說了，不、不許再提某某某！陳鳴華顯得中規中矩，沉穩老練，具備文化官員的綜合素質，現在擔任上海某出版社的社長，每次見面時肯定要說，打電話把傅亮喊來。

經歷過光輝，承受過沉寂，品嘗過甜蜜，體味過無奈。在一家媒體專訪中，他們詳細介紹了傅亮的生活軌跡，把他描述為從校園怪傑到塵世的「飄客」，他經歷著蹺課的學生、校刊主編、夜總會老闆、服裝節攤主、遊戲節目策劃、旅行社經理等不同角色的階段，他不自覺的各種選擇與自由的天性，或者可以說與嬗變的時代密不可分。傅亮說，詩需要創造性，所以他在生活中從不喜歡重複。

離開上海後大家各自忙碌，隨著一九八九年後的裂變，我選擇留學海外，他似乎也徹底離開詩歌。等再見傅亮時，是一九九七年留學回國在上海期間趕上他的婚禮。他是出了圍城再進圍城，但婚禮之隆重令我感歎上海灘之排場。還記得婚禮結束後，我和陳鳴華、韓國強一起在衡山路上的保齡球館滾了一夜的保齡球。那之後，連陳鳴華也難見傅亮，當年的詩歌英雄消隱於民間，似乎在為上海的旅遊事業貢獻噴發的才情。

當年傅亮最為自豪的就是成功地把復旦詩刊《詩耕地》從油印昇華到鉛印，這本雜誌曾走出許德民、孫曉剛、李彬勇、邵濮、張真、卓松盛等眾多的學院詩人，他們都是在詩歌最時尚、最流行的鼎盛時期閃爍於夜空中的星星。之後我在上海分別見過韓博和任曉雯、在北京分別見過邵勉力和陳先發等復旦出身的詩人，在他們的記憶裏是否還留存詩耕地的印跡，我無從知曉。

當年為了節省費用，傅亮同學翻遍小報的廣告，終於在崇明島上聯繫上一家價格低廉的印刷廠，他先坐公交車到碼頭，再乘船去崇明，上島後搭乘工廠的便車，晃上一個多小時才能趕到廠裏。當時崇明島並未開發，他必須要住上一晚，窗外有各種鳥類奇怪的叫聲，房間裏還會爬進來各種各樣的蟲子。待印刷完成後，他把散發著油墨香味的《詩耕地》裝上卡車，坐上副駕駛座，駛向詩意盎然的復旦。經歷過詩歌興盛時期的詩人總會無限緬懷那個年代，對詩歌被邊緣化的現實多少都會發出無奈的悲歎，我想傅亮可能體會尤深。他在那個年代裏幾乎瘋狂地投入到學院詩歌的建設中，之後他離開詩歌，或者逃離詩歌，是主動回到生活之中，還是無可奈何地放棄曾經燃燒的夢想，這都有待於直面印證。在《自行車與五香豆》一詩中，傅亮曾經寫道：「他們說／你們成熟了／我們說／不，我們／老了」。有人說，詩人永遠年輕，說這話的人從未理解過詩人的真諦，試想詩人的內心是何等的豐富，它要承載超過一般人的情感，詩人一出生就已蒼老，否則那些分行之文字無法稱其為詩。

「你們為什麼非要爭著湧上我的這輛欲望號街車呢／我問你們到底想去哪兒想去尋找什麼欲望……

車上的沉默不語的人們和車外的陰沉沉的樓房／儘管遠方或不遠處有蔚藍的大海的蔚藍的呼吸／那麼就停車吧／把這些傢伙統統趕下車去！／因為欲望／幸福的人之欲望決不屬於任何一個懦夫」。在詩歌的欲望號街車上，傅亮最終把自己趕下車去，雖然我有時在想這個可愛的傢伙可能在抽屜裏存放著自己的詩稿，但他在公眾視野裏徹底逃離了詩，做了詩歌的逃兵。

我總是想起傅亮穿著條絨西服外套的樣子，那時他意氣風發，站在臺上朗誦時，曾經感染過許多人。有時在上海的大街上期待與他不期而遇，又怕他變得面目全非。這個復旦學子，逃跑的時候會想到當年慷慨激昂的演講嗎？同時代的詩人大都回到日常生活之中，這讓堅守者時常倍感寂寞。

中島

我一生都和一個問號打架

記得在留學前的一九九〇年夏天，我見到專程由哈爾濱來北京組稿的中島，當時他正籌備出版《詩參考》報紙。他個子不高，清瘦，或許因為旅途的顛簸，臉上有些疲憊。那時正值治理整頓時期，我的心思全都放在出國留學事情上，決絕而去是一種逃避的辦法。見面時中島談到創辦《詩參考》詩報的打算，這在民刊風起雲湧的當年，並未引起我的特別注意，相反我還建議他謹慎考慮。因為詩歌民刊大多短命，可沒過多久，我竟收到他從黑龍江寄來的《詩參考》詩報，印象中「詩參考」三個字還是套紅印刷的。

他的少年時代好友老寶記錄他當年義無反顧追求文學之夢的狀態：有很長一段時間，他的父親似乎都不太喜歡他，因為這個兒子

▲中島（右三）和伊沙、侯馬、沈浩波、徐江、安琪、洪燭等

太不「安分」，哪有一個已經過了十八歲的孩子不著家，不務實，卻天天蹦蹦噠噠和一群文學青年寫詩論道，擺弄個叫《小運河》的小冊子？父子之間只有沉默。我不知道他的父親用沒用過那只拐杖轟他出門，但我知道他去省城追求文學之夢的道路是艱難的，他要靠自己的雙手掙來讀書的糧票。當其他同學流淚讀著家裏的來信，當其他同學吃著家裏捎來的美食，當其他同學擁著自己的父母走進寢室，他總是擠出微笑，黯然離開。

從洪燭的《成為大詩人之前的中島》一文中，瞭解到中島第一次來北京時的情況：「中島實際上也是當天凌晨抵京的。但他很快跟北京幾所高校的文學社聯繫上，調兵遣將，分派了安排食宿、交通等任務，隨即親自來北京站迎接外地來客。要知道，這也是他一生中頭一次進京呀。在進京的頭一天，他就一副主人的模樣，噓寒問暖，由此可見其組織才能與適應環境的能力。這恰恰是大多數文弱書生們身上缺乏並且需要的。中島用穿針引線的方式把來自五湖四海的詩友團結到一起。所以，僅僅用了一天時間，這個小不點的男人，便在一大群詩寫得比他好、個子長得比他高的男人們中間，奠定了類似於武林盟主的地位與威信。」我猜想，中島自那時起可能已萌生出漂在北京的想法。

在中國，詩歌民刊大多是短命的出版物，而《詩參考》自創刊以來，歷經二十年的時間，以其「相容性與同人風格並存」的特點，逐漸成為詩歌民刊中最穩定的品牌。等我相隔數年後回到北京與中島相遇，得知他在謀生之餘，始終把《詩參考》當成不離不棄的孩子。我知道，以文立命是異常艱難的事情，而中島從來沒有因為現實的艱辛而放棄自己最初的信仰，他毫無功利性的熱愛和堅持，不能不讓人心生敬意。一九九六年他完成《詩參考》由詩報到雜誌的改版，使其成為國內容量最大的詩歌民刊，在保持傾向性的同時，最大限度地包容各種風格的作品。《詩參考》一直秉承著詩歌的先鋒性，秉承著詩歌的人文價值和人性觀，中島進而疾呼：「詩歌是我們生命的，是我們生存的，是我們永遠革新的人性的嚎叫！」

在中島送給我的《詩參考》上，我曾集中閱讀過「盤峰論爭」所引發的「民間」與「知識份子」寫作立場對立的文章，從於堅的《真相》、王家新的《從一場濛濛細雨開始》、伊沙的《兩個問題和一個背景》、張曙光的《九十年代詩歌及我的詩學立場》、徐江的《這就是我的立場》、楊小濱的《一邊秋後算賬一邊暗送秋波》、楊克的《並非回應》、宋曉賢的《中國詩壇的可悲現狀》、沈浩波的《誰在拿九十年代開涮？》等文章中，感受著國內詩歌界的裂變和現狀。《詩參考》自覺或不自覺地成為真實記錄中國詩歌動向的載體，中島有意或無意地使它成為具有文獻價值的「詩歌參考」。

東北是一片神奇的土地，而黑龍江不僅神奇，似乎更有些神秘。與我們年齡相仿的詩人中，不僅有一直紮根邊疆的李琦、潘洗塵、張曙光、桑克、文乾義等，還有出身於黑龍江卻散落於各地的森子、李德武、吳銘越、宋冬游、阿西、楊拓、臥夫等人。他們的風格和傾向並不相似，卻同在一片天空下，從黑土地汲取藝術的先期養分。而戈麥、中島和我，從地域上講，我們應該算是地道的同鄉。他們倆都要從佳木斯轉車，然後才能由此前往各自神往的地方。當年在清華大學見到戈麥時，還曾約定一起返鄉，可後來他以自殺的方式完成最後的創作。在築波大學留學時收到阿吾帶來這一消息的信，心中格外悲涼。

「為什麼蔬菜都長了一雙害人的手／為什麼動物也學會了自殺身亡／為什麼地球都已經百孔千瘡／卻還要友情地／承受這群『惡魔』的肆虐／為什麼你不反抗／為什麼我要投降」，讀到中島這首《我一生都會和一個問號打架》，我曾長時間的沉默，之後打通他的電話，本來想和他談談我的感受，可接通之後我又瞬間改變主意，在得到他近期還好的答復後，我沒有再談他令我心靈震顫的詩歌。中島的詩歌寫作從八十年代中期開始，之後與伊沙、侯馬、徐江等人結識後，他的詩歌寫作有了明顯的變化。他曾講述過當年混跡於北師大宿舍的故事，這種機緣讓他改變先前「唯唯諾諾，不直接表達情感，委託物來述說內心的嚮往」的寫作風格，像伊沙等人那樣，「一竿子到底，直抒胸懷，赤裸裸的表白。」

中島說：「有一句成語：『物以類聚，人以群分』。我和伊沙、侯馬、徐江是非常特別的哥們，這首先我們都是不折不扣的詩人，這是我們成為朋友的首要條件。我們初識的時候也是通過詩歌認識的。伊沙、侯馬、徐江的才華是我隨時隨刻成長的詞海，也是我詩歌生命的動力。」

毫無疑問，中島所說的這些「哥們」都是中國詩壇上反復驗證了的優秀詩人，他們另類獨行的特點是相對於某種物件而言的。伊沙說，「一九八〇年代，我的大學時代，在母校北師大舉行的一次朗誦會上，我與蘇歷銘兄同台朗誦過，他當時已是著名青年詩人，我不過是個校園詩人罷了；再見已是二〇〇一年，還是在北京，他請我吃湘菜，談起許多相關的往事，他驚訝於我的記憶力，我好感於他是個心中有數的謙謙君子，他是愛詩而有才價值觀堅定的人，是能夠一直寫下去的人。」在現實生活裏，伊沙憨態可掬的樣子，全然沒有網路上的霸氣和詞語上的蔑視。他當年的《車過黃河》一直被我記得，「現在時間屬於我／我等了一天一夜／只一泡尿的功夫／黃河已經流遠」。侯馬則是始終低調，由裏及外的謙和並不妨礙其內心的強大。他的「侯馬手記系列」、「詩章系列」產生廣泛影響，留給我至深的印象。

正像安琪所言，中島的熱心在圈內是出了名的。前些年他曾在他的報紙上寫過一篇我專業方面的專訪，事後還打電話通知我，有一家公司看到專訪想讓我過去任職。那時我正辭職休整，中島在「活著」的狀態下還希望別人活得也好，最後我告訴他現在我想好好休息一段時間。

「我們每個人都是死亡路上的／一粒灰土／被明天的風／吹得蕩然無存」。年屆45歲的中島終於有了親生兒子，這個兒子和《詩參考》都是他用自己的精子創造出來的，一個孕育於妻子的子宮裏，一個活躍於中國的詩歌天空下。

金汝平

現在我要落到地上這骯髒的大地

金汝平上世紀八十年代自南開大學畢業後即返回山西。他在中國詩壇上弄出最大的動靜，就是一九九九年曾經口無遮攔：「『先有人的墮落，然後有文學的墮落』，偉大的歌德這樣說，我們不妨接著說下去：『先有文學的墮落，然後再有刊物的墮落。』《詩刊》，就是這個時代最墮落的刊物之一。」《詩刊》雜誌認為這是一篇嚴重損害《詩刊》名譽的文章而向法院起訴，但起訴的不是作者而是《太原日報》。我懶得打探這件事的結局，估計是不了了之，金汝平仍舊口無遮攔地快樂生活著。

二〇〇八年秋天，得知我在太原出差的消息後，這位當年的學院詩人打來電話，他盛邀中午一同聚餐。我和他從未謀面，在經濟危機

▲金汝平

和文化低迷的時代裏其熱意溫暖著我，於是我衝出會場由北向南地橫穿太原城區，趕往指定的地點。當推開房門，發現已經坐滿一桌子人，若不是金汝平起身招呼，我懷疑自己走錯了房間。本以為是兩個人的見面，沒想到金汝平召集了太原的詩人，而大家熱情的笑臉，確實讓我有些受寵若驚。金汝平逐一介紹出席午宴的詩人，李杜、唐晉、薛振海、徐建宏、溫暖的石頭、王國偉、郭新瑞、宋耀珍、竹無俗韻和李園，他們天然的微笑使我放鬆下來。在推杯換盞之間，我發現這一党人完全超越詩歌觀念的差異，在詩歌的旗幟下彼此尊重和寬容，盡顯詩人之間的友情。在缺乏情懷的年代裏，我曾百倍羨慕過生活於唐朝的詩人，唐朝詩人間似乎不存在相互貶低和嘲諷的現象，更多的是因為詩歌而結下特殊的兄弟之情。唐詩中，友情是永恆的主題，眾多詩篇因為歌詠兄弟之情而成為千古絕唱。例如王勃《送杜少府之任蜀州》中的「海記憶體知己，天涯若比鄰」，王維《送元二使安西》中的「勸君更進一杯酒，西出陽關無故人」，張九齡《望月懷遠》中的「海上升明月，天涯共此時」，高適《別董大》中的「莫愁前路無知己，天下誰人不識君」，以及李白《贈汪倫》中的「桃花潭水深千尺，不及汪倫送我情」。之後我曾去溫暖的石頭（宋連斌）的天街小雨茶館，一個叫木頭的詩人負責打理日常事務，滿室都洋溢著茶香的詩意。不久前，我還在這裡見到上世紀八十年代名聲鵲起的詩人潞潞。

當下的中國詩壇只要不對胃口，彼此的攻擊，甚至謾罵，似乎隨處可見。其實放在現實生活中，詩壇只是個虛幻的所在，我百思不解的是：在這個虛幻的圈子裏黨同伐異、互爭高下究竟有什麼意義？！只有詩人之間的關係是超越虛幻的現實存在，大家應該像唐朝詩人那樣，只對權貴發威、只對不公平發難，以「詩」為命的人應該抱團取暖，在欲海橫流的當下，詩和詩人已經被邊緣得似乎並不存在。

金汝平出道於上世紀八十年代，曾是大學生詩潮的天津代表人物，他回到太原之後，「把笑容掛在臉上，把地雷與炸彈埋進心中」。和眾多的山西詩人一樣，他們體現出晉商文化的精髓，不屑於張揚，傳承和弘揚講義氣、講相與、講幫靠、講和諧的群體精神。晉人喬映霞主持家政時，把其兄弟集中在一起，讓練有武藝的九弟先把一雙筷子折斷，接著又讓其一次折九雙筷子，結果折不斷，映霞喻義讓眾兄弟團結互助。山西詩人似乎自古以來就有著這樣的光榮傳統，他們與詩壇沒大關係，在各色詩集選本中鮮有他們的名字，從不理會名利的冷暖，在黃土高原上放大自娛自樂的詩意，這是他們墨守成規的底線。他們並不過於保守，相反每個人與全國各地的詩人都有著深厚的無產階級感情。

金汝平認為，相對於極端智性的寫作有時超現實主義式的「亂寫」是必要的，「亂寫」可以激發想像力，「亂寫」可以解放創造性。在「亂寫」裏，我們會發現一個嶄新的陌生的自己。近年來他充分享受博客帶來的便利，幾乎每天登博的他，不斷發表各類博文，同時不斷地釋放詩人的情懷。拿李杜的話講，他在博客上向心儀的女博友肆無忌憚地頻頻發出「蝦米」的訊息，金汝平像是盛夏的海岸，把美麗的浪花全部奉獻給女性，把堅硬的沙粒全部留給他的兄弟。其表現相當原生態，根本不在意必要的偽裝，淋漓盡致地表達著單純的本色。這也印證著他曾說過的話：有時詩人的自我貶低，隱匿著巨大的驕傲。

對於詩歌，金汝平有著自己獨特的看法：「晦澀不一定代表著深度。清楚也常常標誌著淺薄。」「過分追逐『發表』，定會傷害自己的寫作。寫出好詩就是一個詩人最高的榮譽。」「詩人不得不面對兩種選擇：征服語言或者被語言征服。被語言牽著走的詩人，不過是精神上的哈巴狗。」他還相當鄭重地強調：一個平庸的詩歌製作者是沒有靈魂的，他的詩僅僅在技術的側面和層次上輕飄飄地滑翔，留不下真實的痕跡。他的寫作，類似於木匠和理髮師日復一日的機械操作，對他人和文學的整體結構不產生什麼意義。讓我重視的是另一些詩人，他們寫作，是源於某種更強大更奧秘的本能之驅使，這種驅使像無所不在的鞭子，必把他驅趕向自己靈魂的深淵。在那裏，他為一個又一個純粹而複雜的幻像與實景驚呆了，透過了表像的迷霧，他窺見了自己精神變化的軌跡，同時聽到一種聲音。在充滿各種噪音的世界上，這聲音對於每個珍惜自我的人是需要好好地傾聽的。

毫無疑問，金汝平是「自我貶低」的高手，當有人稱他為教授時，他常給予義正辭嚴的反駁：「什麼教授 簡直是連叫驢都不如／叫驢一天不過嚎叫幾聲／教授連著嚎叫四個小時　口吐白沫上氣不接下氣／叫驢嚎叫對著藍天白雲對著漫山遍野的鮮花／教授嚎叫 只能對著麥克風對著昏昏欲睡的學生」。金汝平就是教授，這是國務院學術委員會認定的職稱，但他似乎更適合做一個放浪形骸的劍客。仰觀宇宙之大，俯察品類之盛，所以遊目騁懷，足以極視聽之娛，信可樂也。我想，他不應該滿足於語言上帶來醍醐灌頂式的快感，在現實中最好能用利劍直指時代和人性的核心，把一切偽善打回原形。

阿吾

足以安慰曾經的滄桑

與阿吾的相識，是當年在中國人民大學的一次朗誦會上。當時楊煉朗誦了《諾日朗》，並談及創作主張，我那天朗誦前也談了自己的膚淺見解，阿吾登臺後大批某種主張，然後聲稱贊同我的看法，並表示友好。他好像與張水舟坐在一起，散場後彼此也未深談，他帶著《相聲專場》消失於人海裏。事後我才知道，他在那場朗誦會上結識了ＹＦ，並在數年後結為伴侶。

一九八九年是改變我們命運的年份。之前我基本上沉湎於穩定而又體面的機關生活，是初夏打亂了平靜的狀態，以至於讓我的靈魂從此踏上衝撞與起伏的不歸之途。

▲阿吾（右二）和高星、桑克、楊克

這是一個理想主義褪色的分水嶺，留在一側的似乎依舊是陽光，而另一側則是心靈巨大的陰影。一九八九年不僅僅改變了我一個人，而是我們這一代人共同遭遇命運的戲弄或背棄的年份。阿吾就像是上天安排好的角色那樣，在這一年的初冬時節，出現在我憂鬱而裂變的生活裏。當時他被《光明日報》清理出來，作為不符合標準的另類，開始流離的旅程。當他在電話裏試探著想讓我幫他找個棲息之地時，我幾乎沒有任何猶豫地允諾下來，在我的宿舍樓內幫他借了一處住處，那段時間，斯人和高星是阿吾家的常客，幾個人在最寒冷的冬季裏抱團取暖。

在我們的住所，阿吾經常激動地談論各種想法，特別是他那雙透著笑意的眼睛，在寒冷的季節裏始終傳遞著自信和溫暖。在我們「出去」之前的時間裏，他致力於民刊《尺度》詩歌報紙的編輯、出版和發行。在我的記憶裏，一九八九年後他的作品不再公開發表，《尺度》是他與中國詩歌最後的相關事件。那時正值我們極度低落的時期，理想被現實擊得鮮血直流，生活也在極其艱難中強作歡顏，但阿吾從未沉淪，這個語速極快的重慶之子，東奔西走，把散落於心靈角落的詩人們召集在一起，眾多的詩人就是在《尺度》上碰面的。第一期的片子是臧棣出的，我陪阿吾在中國新聞社門口與臧棣交接。臧棣後來又考回北大取得博士學位，留校任教，他長得高高大大，至誠的臉上有一雙單純的眼睛。那期《尺度》詩報，重點推出臧棣、西渡的詩歌作品，而之前他們的作品鮮有問世。

阿吾是絕頂聰明的人，或者說是個智者，這可能和他離開北大後又進入哲學有關，似乎也可以說與生活窘境有關。在商業活動離我們遠而又遠的年代，他就承攬了天津某磁化杯的廣告生意，那天拍攝我雖然未去現場，但當晚他活靈活現的描述，讓我一直習慣於計劃經濟體制的思維，有了一次刻骨銘心的顛覆。是他旺盛的志向和激情感染了我，我們都渴望出去！往什麼地方出走，是我們在治理整頓時期裏最熱衷的話題。我選擇了迅速成行的日本留學，他選擇了改革開放的前沿都市——深圳。在《尺度》第一期出版之後我先他離開北京，在長達六年多的留學時間裏，有時通過信函偶爾瞭解他的狀態。次年他也南下，後來落腳於惠州，在某著名企業開啟了他真正的商業之旅，我們徹底在中國詩壇銷聲匿跡。

阿吾以《相聲專場》在中國詩壇悄然亮相，立即就引起大家的關注，這首詩成為八十年代經典詩歌的代表作之一。他出身於北大，又與北大出身的一些詩人存在明顯的不同。他詩歌的口語化、平民性和大思考，在當年給我留下特別的印象。上世紀九十年代末，我回到北京，但阿吾依舊留在南方。其間他數次來到北京，幾乎絕口不再談詩，但我始終堅信，對於出生於六十年代的詩人來說，任何東西都不會讓我們背叛融入血脈之中的詩歌精神，每個人都在尋找適當的時機重新入詩，這對阿吾也不例外。

阿吾移居新西蘭之後，詩歌重又回到他的個體世界，或者說，詩歌從未離開過他，只是從思想走到筆端。地火始終燃燒，我從來都沒有相信過這位心懷遠大志向的詩人，會徹底告別他熱愛的詩歌。二〇〇六年八月阿吾通過郵箱從新西蘭發來新寫的詩歌，並鄭重地告訴我，從此往後的時間他將重新回歸詩歌。之後他出版發行了第一本詩集《足以安慰的滄桑》。為了參加他在北京舉辦的詩集首發式，我起早從瀋陽趕回，當趕到中關村第三極書店8F咖啡館，研討會已經開了一半，我聽到了簡甯、桑克、王家新、胡續冬等人的發言。大家對阿吾在八十年代中期提出的「反詩」的思考，基本上予以肯定的評價，也有朋友表達了對回歸詩人的期待。我一直在想「回歸詩人什麼時候離開了詩歌，又是為什麼離開了詩歌」的問題，心中總有疑問。現在有一種認為，可能也是驗證詩歌復興的一種注釋，就是當年的詩人在商海成功後回歸詩歌的現象。我不同意這樣的說法，對於真正寫詩的人來說，詩歌從來都不可能遠離自己的內心，或者說他們從來也沒有離開過詩歌。一段時期的休眠，並不是只有撲入商海的詩人才有的現象。

在舉家搬遷到美國之後，阿吾不斷地與國內的詩歌朋友通過電子郵件溝通創辦民刊《開》的想法，像當年支持《尺度》一樣，我表明自己的態度。二〇〇八年，阿吾提出《開》的創辦理念，他說，詩歌在中國終於已經被邊緣化，這既非好事也非壞事。詩歌能夠遠離那些曾經利用它的身外之物，有助於真正需要它的心靈專注。詩歌將剩下自己，這是社會分工高度細化的必然結果。但是，詩歌作為人類精神和文化的源動力之一，它在單位時間內對社會、文化及精神的影響面不大，卻有深遠的觸鬚。互聯網讓我們看到，不同於工業社會的資訊社會已是現實。互聯網帶來的空前便利，雖然彌補了那些不願意被邊緣化的詩人們的失落感，為詩歌愛好者提供了沒有進入門檻的「廣泛」交流機會，卻又給甘願寂寞的詩人們帶來了更多的困惑，攪亂了詩歌起碼的價值準則。誰都像詩人，誰都不像詩人。什麼都像詩，什麼都不像詩。我們接受時代的作弄。我們仍將堅持心靈對心靈的尋找。因此，他設想，最好就在明天，幾個、十幾個承認詩歌的邊緣化、自己甘願寂寞寫作的詩人聚在一起，不論年齡大小、不論詩風如何，平等待人、虛懷若谷，敞開自己的內心，與其他內心碰撞，關注詩歌，關注人，關注人的苦難和幸福。而具有法定出版資格的詩歌刊物既不能開放地接納多數優秀作品也已經失去話語權。民間詩刊自某場爭論導致詩人群體分裂對立之後鮮有代表性。眾多新起的網路詩歌魚龍混雜。一本具有起碼水準的詩歌刊物正成為中國詩人的現實需要。

隨後《開》詩刊的創刊，我曾專程前往武漢參加《開》詩刊的首發式。創刊號的成員除了阿吾和我，還有非亞、花間、吳銘越、桑克、西渡、範小雅、子梵梅、周偉馳、一回、槐樹、賀念、彌賽亞、斯人、平生。那天武漢的或者論壇同時舉辦活動，張執浩、小引，以及楊黎、尚仲敏、餘笑忠、李南、小招等人同在。我不知道這本詩刊能持續多久，但對於老友的任何提議，我只有堅定不移地支持。這本詩刊，與其他民刊不同的是，它不是一本流派詩刊，作者各有自己的風格，只是創作態度上彼此接近。這是一本裝幀、印刷和內容上都像詩刊的詩刊，其中刊發了阿吾選定的作品，十六位詩人的共同點都是有非詩歌的職業，承認邊緣化又堅持詩歌理想的人。在《開》詩刊的同仁中，斯人偶有聯繫，他的儒雅和才情二十多年來一直未曾褪色。

阿吾又回到國內。記得當年他在住處招待我的是其拿手的四川涼麵，吃飯前他突然緘默，並雙手合十，這個舉動嚇到了我，那時我才知道他是一個虔誠的基督徒。感謝主！這些年來，他平安地度過人生中的艱難時刻。對於詩歌，他也是一個虔誠的信徒，固執，或者說堅守自己的創作理念，不妥協不放棄，始終忠實於自己心中不變的信念。

默默

在祖國的繈褓裏撒嬌

上海是我命中的緣分城市。剛參加革命工作時，我曾被國家計委派往上海工作一年，當時除了工資之外，還享有出差津貼，手頭相對寬裕的我懷揣三塊錢的月票，在上海的大街里弄裏信意亂逛。留學歸國之初，我又落腳於上海浦東，隔著黃浦江重新熟悉這座本來和我毫無干係的都市。而後的時間裏我數不清自己來過多少次上海，對於它的街道似乎比我久居的北京還要熟悉，我特別喜歡菜市場裏刀魚閃動的銀光和青菜上滾動的水珠。

▲默默（左一）與嚴力、李占剛、蘇歷銘

上海是一個優秀詩人聚集的城市，除去當年一批勢頭正旺的學院詩人之外，民間也湧現出眾多的盜火者，默默就是其中的一位。我確實記不起來和默默最初相識的時間和地點，在人頭攢動的年代裏，大家分不清面孔地聚散，是當年詩人們聚會時的特點。而不同圈子的差異，也會使一些原本可以成為摯友的人隔岸觀火，一生只做路人。與默默、鬱鬱、冰釋之等上海詩人在時空變幻後的重逢，令我心中不乏感慨和慶倖。

默默寫詩很早，一直到上世紀八十年代中間，他逐漸形成革命性的撒嬌主張。所謂撒嬌，是詩人選擇的在客觀環境不允許時所採取的一種表達自己的詩歌手段，但我卻覺得，默默之撒嬌並不是他們預先定義上的所指，在他的詩中，經常能見到「祖國」、「人民」、「大地」、「時代」等等大詞，他從出道以來始終是拉著人類的衣角在天地間表達詩人憂患和憤怒的情懷。「把母親還給兒子／把天空還給鴿子／把我還給我／飲泣了多年試飛了多年／尋找了自己多年／把革命還給我／／把故鄉還給異鄉人／把理想還給少男少女／／把她還給我／手握蒼涼的枯藤多年／人群裏找她多年／把愛還給我／／手裏的石頭攥成了黃金／懷裏的鮮花抱成了武器／我站成了一個巨大的敵人／我不是一個人／不只是學了一生的夜鶯唱唱風中的挽歌／看呀，從我懷裏正不斷掙脫出洶湧的海燕」。

默默歷盡艱辛和曲折後重新浮出水面，是他成功把握上海房地產迅猛發展的機會，展示策劃天才之後的事了。他把「詩意地棲居」移植到房地產的廣告語中，順勢也在房地產投資的濁流中綻放出自己金色的玫瑰。時隔多年再見時，是在他窗外長滿青竹的撒嬌詩院裏，他當年單薄的身體在歲月的洗禮中有些發福。他身穿對襟的中式外套，修剪整潔的禿頭，儼然一副準備隨時撒嬌的樣子。那天上海下雨，在地鐵裏我發現鞋底斷裂，無奈中在徐家彙的商場裏買了雙新皮鞋換上。出了莘莊地鐵站，雨過天晴，鬱悶的心情頓時豁然開朗。正好地鐵站出口處有一家花店，我便買了一束玫瑰，懷抱其奔向默默的書院。沒想到這束花一直成為默默調侃的把柄，其實我的想法再簡單不過了，只是表達書院開設的祝賀心情，全然沒有小資產階級的生活態度。當時默默似乎熱衷於同題詩的玩法，那天的話題似乎與詩壇上的爭名奪利有關，我隨口說「這有啥用」，於是默默提議以這句話為題，即興作詩。然後他坐在木椅上瞬間寫出：「蜜蜂讓玫瑰懷孕，這有啥用／一棵樹愛一朵雲，這有啥用／在戰火紛飛的春秋唱一首鳳歌，這有啥用／春天的時候，一滴水想成為雪，這有啥用／腰纏萬貫，吃不到一棵新鮮的青菜，這有啥用／／愛上妖嬈的媽媽，這有啥用／春風與春光對戀人有用／愛情與詩歌對我有用／關在動物園的老虎想著叢林，這有啥用／每個人心裏都有一個祖國，這有啥用」。我坐在他對面的沙發上，想到來的路上皮鞋的遭遇，迅速完成他的命題作文：「如果把整個上海的皮鞋全部給我／我只留下一雙／其餘的全部派發給漂亮的女人們／讓她們送給她們的男友／／那些鞋裏有我悄悄放入的釘子／在一瘸一拐的男人們中間／只有我舒展地行走／我暗自發笑／鋥亮的皮鞋、愛情的皮鞋／這有啥用！」

默默的撒嬌詩院是一個詩意的行宮，南來的北往的，只要寫詩，就不問性別、年齡、觀點、流派，都可以免費住進其中。每一面牆壁，默默都做成頂棚的書櫃，擺放著各類圖書，這3萬冊圖書比較雷人，似乎才學五鬥也會感到自己的膚淺。「天下惟善讀書人，不負花月，不托酒盞，不離山水，不絕美人。」每次去撒嬌書院做客，總能遇見各色人等，他們和默默整日摟著茶壺盡情撒嬌。記得有一次見到車前子、小海和李德武等人，那天車前子撒嬌撒大了，在書案的宣紙上當場揮毫作畫，兩隻螃蟹，一公一母，完全採用了革命的現實主義手法，尤其把母螃蟹畫得極其誇張。之後大家起哄簽名留念，我想默默總不會把它懸掛出來吧。他的撒嬌詩院不唯名不唯利只唯情，這些年來他究竟舉辦了多少場詩歌朗誦會，我無從知曉。作為「在中國長大」的詩人，他把自己的精力和熱忱無私地奉獻給崇高的詩歌事業，現在他又孔雀西南飛，在雲南香格里拉的夢境中再開高原上的撒嬌詩院，數次來電相約，而我一直沒有機會成為撒嬌詩院的住客。直到二〇一〇年夏天，我和朱凌波前往迪慶，在撒嬌詩院裏體會藏區的獨特風光。

默默是一個可愛的人，他的普通話偶爾浸透出酥軟的上海口音，表露出內心中柔軟的隱情。事實上，作為詩人的默默是這個現實中的鋼鐵硬漢，他穿越陰暗的鐵門，穿越理想主義的時代，在沒有喝彩的時間裏自己做過一次英雄。現在他早已脫離純粹為肉體而活的時間，在隱身多年後重返詩歌，把撒嬌詩院當作自己的烏托邦，重新找回詩人的狀態。在商海沉浮中，能棲息靈魂的安靜所在，對默默而言怕是只有詩歌。他和李亞偉、趙野等人在香格里拉開設撒嬌詩院，似乎把它已變成經營性的特色旅館，但詩人的天性往往會篡改預想的目的，我懷疑他的書院旅館是否能夠贏利。轉念又想，一群老來狂的好玩之人，不贏利又能怎樣？或者不再寫出「經典」的詩作又能怎樣？只要充滿歡愉地揮灑詩意，只要酣暢淋漓地玩轉餘生，就是他們從今以後最好的狀態。

張小波

一條很長的布裹住冬天的窗子

二〇〇九年四月底的一天晚上，張小波談起《十月》雜誌約他詩稿的事情，這讓我心中平生出一種期待，並不是指望他的詩作能在氾濫的詩海中不同凡響，而是這個舉動會讓同時代寫作和出道的人有一種特殊的溫暖感覺。在吉林大學編輯《北極星》雜誌時，我們曾創辦過「遙遠的星光」欄目，專門發表校外詩人的作品。張小波寄來《多夢時節》等詩作，還在郵局的櫃檯上匆忙寫來短函，說他一直都在「忙啊忙啊」。我不知道那時他忙什麼，但他奇妙的想像和優美的詩句始終被我記得：「無邊無際的寂寞吞噬群

▲張小波（右一）和宋琳、陳鳴華

山和落日／那麼，讓我們聚集起來／騷動起來／登山者在馬蹄形山谷裏／留下一根預備手杖／我們莊嚴地接過／探險於一個盛產黃金的世界」。

在現在描述中國詩歌走向的文本中，人們有意或無意地忽略著從朦朧詩到第三代之間一個重大詩歌現象——大學生詩歌的存在。當年朦朧詩之所以能夠在詩壇上迅速傳播，其中相當重要的原因就是和大學生詩歌的出現和繁榮息息相關。那時詩歌界對朦朧詩的崛起，存在著保守勢力惡毒的圍剿和傳統勢力的攻擊，而對朦朧詩最強有力的理論支持就是來自學院。除了謝冕的《在新的崛起面前》、孫紹振的《新的美學原則在崛起》之外，在校學生徐敬亞撰寫的《崛起的詩群》，更是激情澎湃，其衝擊力和殺傷力都是從前未曾有過的。一大批優秀的校園詩人，他們的生活經歷和朦朧詩的主要人物相似或接近，他們自覺或不自覺地擔當起傳承的責任，並各具特點地彌補了朦朧詩的某些局限。備受非議的朦朧詩在中國詩壇上順利落地生根，與學院詩歌的出現和空前發展密不可分。上海因為許德民、孫曉剛、李彬勇、邵濮、張真、卓松盛、傅亮、宋琳、張小波、李其鋼、於奎潮、徐芳、張黎明、林錫潛、于榮健、鄭潔、陳鳴華、陳東東、王寅、陸憶敏等人的存在，在八十年代大學生詩歌運動中擁有舉足輕重的位置。而張小波的詩歌更多是表現身處現代都市的複雜心態，他以零碎拼貼的城市意象，新奇雜陳的辭彙，折射出人在工業化進程中的焦慮情緒，其機智清新的詩歌語言突破傳統詩歌的束縛，成為當年大學生詩歌令人矚目的潮頭人物。

在日本留學時，恰逢《中國可以說不》日文版出版發行，我便買上一本。當時我並不知道本書的策劃人張藏藏就是張小波，只是從媒體上得知，張藏藏將在東京與石原慎太郎對談，當時特別期待有人滅滅石原的囂張氣焰。後來我才知道這本書是張小波和他的一幫朋友做出來的。張小波說，從一九八九年到一九九四年，中國青年在中美關係問題上的心理發生了微妙變化，如何維護國家利益應該成為首先考慮的問題，這就是《中國可以說不》出籠的動因。而他也因為此書的出版成為一名偷稅漏稅、被應收帳款困擾的書商。他說：「之前我當然想做一個很好很純粹的詩人或小說家，但是由於生活的際遇逼迫我必須靠自己的雙手去掙錢，因為我有家庭，需要我去掙錢撫養。」

關於張小波書商生涯的傳說存在眾多版本，其實這些並不重要，我只知道他的共和聯動圖書公司每年圖書銷售碼洋都超過億元。前幾天讀到程寶林拷問張小波的文章，對他新近策劃的《中國不高興》一書提出質疑，並上升到病態的民族主義高度進行善意的批評。對此書我沒有深入閱讀，無法表明自己的意見，但有一點必須清楚，張小波不是「兩句三年得，一吟雙淚流」的迂腐詩人，他是緊盯市場需求的圖書商人，從立場上就不存在爭論的前提，況且民主社會都有各自表述的權力。就像刀可以切菜，也可以殺人，生產刀具的人更關心刀具帶來的利潤。

「我不後悔進入了出版行業」，談及從詩人到出版人的轉變時張小波感慨地說，並強調「做公司生存是本，一定要做大做強」。儘管張小波骨子裏一直充滿創作的渴望和對精神世界的探索，但他清醒地認清自己的身份，即在商言商，首先要把自己的圖書出版事業向前推進。張小波至今每年都會幫一些詩人出版詩集，「我一直努力在商業和理想之間尋找一種平衡。公司做大之後，讓那些優秀的詩人和快被社會遺忘的作家，能通過文本保存的形式流傳他們的作品，這樣才不枉我曾經有過的理想。」這或許是他與詩歌若隱若現的情結聯繫。

張小波是一個相當聰明的人，他善於把握行業的走勢和市場的變化，他認為二〇〇九年眾多的圖書出版集團和出版公司的競爭肯定將會更加激烈，即便深度職場小說在經濟危機下出現熱潮，他還是預言職場小說將在近期走入尾聲。他分析說金融危機下大家更為關注就業的問題，但其實大家想過就業的問題後就會想到創業，雖然並未明說，但他會將出版重心向「創業小說」傾斜。

有人曾說，上個世紀八十年代，城市逐步進入經濟發展的快行軌道，華東師大地處上海，有七成以上的學生來自異地，他們要在這裏度過他們人生中最重要的轉型期，可以說，「外省青年」對都市的感性觸摸，訴諸直覺甚至官能上的某種隔膜與排斥感，成為自此以後校園詩歌寫作的一大主旨，即「城市與人」。我同意這樣的判斷，來自於江蘇鎮江的張小波正是在大上海的都市文化裏產生過青春期的眩暈，他曾寫過《這麼多雨披》一詩，這只是大都市生活中的一個日常場景，卻觸動過這位外省青年敏感而新奇的心靈。

張小波曾經出版過小說集《重現之光》，其中怪異詭譎而才情蓋世的文字，連同他散落於各種選本之外的詩歌，都驗證過他作為詩人、作家之優秀。現實生活中，他的圖書出版商的身份或許更讓他駕輕就熟，那就回應市場和人民的要求，多出書、出好書，等到徹底厭倦名車美女，他再回到本真的創作之中吧。我們離老去尚有相當的距離，萬事都來得及，寫作就更來得及。

喜悅的光芒

劉波

曾被譽為「文化富豪」的劉波，上世紀八十年代在湖南株洲擔任共青團幹部，並創辦《青年詩報》。一九八五年我出版《白沙島》詩歌合集時，從未謀面的他熱情相助，來信承諾幫助銷售二百本詩集。劉波屬於天資聰慧的早熟奇才，他十四歲考入武漢大學中文系，後來拿到中醫研究的碩士文憑，最後又考上北大哲學系的博士生，師從季羨林先生學習東方哲學。

當年劉波以《年輕的布爾什維克》一詩躋身中國詩壇：「每天每天蘋果綠的早班車裏／擁擠著早晨擁擠著希望擁擠著年輕的他們／……拎著厚厚的黑色公事包／穿過廣場穿過秀麗的公園／新鮮的太陽唱著從他們眼睛裏高高地升起／這些年輕的布爾什維

▲劉波

克走向喧騰走向金燦燦的理想……」這首詩的背景顯然與他身為共青團幹部息息相關，他善於把握時代的脈搏，迅速在詩歌界傳播自己的影響。

一九九八年，我回國投身於投資銀行業的工作，與各類上市公司不厭其煩地探討合作事宜。某天與誠成文化上市公司洽談業務時，其工作人員無比自豪地宣稱，他們的董事長是一位著名詩人。我無法想像當年的文學少年已經成為所謂第一文化股掌門人的事實，以為此劉波非彼劉波，試探著問他們董事長是否是湖南人，在得到肯定答復之後，我要求與劉波通話。劉波在電話裏表現出特別的喜悅，他約我當晚一定見面。那時我才知道劉波在文化產業已經如日中天，江湖上流傳各種關於他的版本，有些都近乎於神話。老友相逢，剔除了客套和附庸，我們一下子回到生命的原點。每個成功人士都有自己的傳奇，無論劉波擁有多少資產，在我眼裏，他永遠是熱愛詩歌的湖南細伢仔。

毫無疑問，劉波是絕頂聰明之人，文化和資本運作的結合，讓這個被湘楚文化薰陶的青年詩人曾在中國資本市場上演了一部大戲。有時他約我到寬街他的住處，四合院落隱藏在一個胡同裏，進入紫紅色的大門後，參天古樹下的安靜，會讓人產生時空錯位的感覺。他的食堂裏總是地道的湖南菜，每餐都要溫熱黃酒，然後他會一根接一根地抽特醇三五牌香煙。他聽說我寫詩多年沒有公開出版過個人詩集後，立即督促我整理詩稿，然後大包大攬地應允下來。在野夫的幫助下，我的第一本個人詩集《有鳥飛過》公開發行。

後來關於誠成文化的傳聞成為一種話題，劉波和他的私生活也隨之被人喜聞樂道。我見過那位當紅女明星，她之乾淨和透明是顯而易見的。他們的靠近和分手和普通人一樣，與所謂億萬資產沒有關係，絕不像流傳江湖的各種版本之庸俗。坦率地說，劉波確實不是一個優秀的管理者，他骨子裏的人文要素屢屢讓他困惑地面對瞬息萬變的資本市場。他如果適時而退，身穿對襟中式服裝，腳蹬圓口布鞋，無疑是一個出類拔萃的文化人。或許是人在江湖身不由己的緣故，他在時代的鏈條中無法脫身，翻江倒海的壯舉可以創造奇跡，也能無情地淹沒自己。

劉波曾致力於《傳世藏書》的出版和發行。這套可以擺滿一面牆的《傳世藏書》，由國學大師季羨林先生擔任總編輯，以傳世善本或公認最好的通行本為底本，由兩千餘名年富力強的古籍整理工作者參與整理編校，共分經、史、子、集四大部類，十六開本緞面精裝共計一百二十三冊。二〇〇二年，在季羨林的生日宴會上，我曾親耳聽到季先生談起劉波考取北大博士的苦讀經過。劉波超越常人的地方，就是他敢於把不可能的事情變為可能，他不如常人的地方，是在雙腳已經離開大地卻以為自己長出翅膀。

二〇〇四年夏天，我在日本東京見到養病的劉波，他約我在飯田橋附近的一家露天溫泉裏見面。他嗜煙的習慣似乎沒有改變，即便咳嗽得不能自已，他也沒有放緩吸煙的節奏。在浸泡溫泉時，他告訴我這裏是他最喜歡的地方，旁邊遊樂園中的瘋狂過山車載著乘客，不停地傳來一陣陣尖叫，而溫泉的寂靜卻能聽到滴水的聲音。動與靜，本來就是人生中難以回避的問題，這時劉波才真正有時間安下心來觀察和傾聽。他好像重新回歸文化人的狀態，寫下三十多萬字的《毛澤東與禪宗》專著，把獨處時間寫成的詩稿彙集在一起，並說將來出版時，詩集的名字叫《喜悅的光芒》。在養病的時間裏，詩歌可能是他最近的親人。當年他從詩歌出發，中間經歷了輝煌的榮光和暗淡的挫敗，最後詩歌又成為他靈魂棲息的所在。

去年九月我在東京期間曾打電話給他，並開玩笑地說以為他也會更換電話號碼，他大笑，聲稱自己任何時候都行不更名坐不改姓。因為行程的安排，我沒有時間與他見面，但聽到他不變的聲音，眼前又浮現湖南細伢仔貌似憨厚的笑臉。有時我在想，如果劉波始終寫詩，他或許還在株洲，但一定會把《青年詩報》改成《中國詩報》，他是一個註定要弄出大動靜的人。

時光無法倒流，傷痛無法避免，究竟需要多少時間能夠治癒創傷，這是一個難以猜測的問題。英雄輩出的時代裏，必然會有英雄倒下。作為詩歌的舊友，我希望劉波能養好傷病，有一天重新走回朋友們的中間。哪怕貧窮得只剩下紙和筆，只要能從容地坐在曲水的下游，取走荷葉上的流觴，然後就會有心靈的詩篇。

楊榴紅

做一次鳥的飛翔

認識楊榴紅時，她十九歲，是中國人民大學人口系三年級學生。那時她的詩《白沙島》剛剛發表，在八十年代中期的中國詩壇上吹拂著清新的詩意，迅速成為校園詩歌的經典之作。「那是白沙島白沙島你去過嗎／看那閃閃的白沙閃閃地明亮／是珠貝的搖籃／是星星的憩園／是珊瑚的夢鄉。」即便生於北京、長於北京，滿族血統的楊榴紅透著江南女子的美麗和清秀，她的祖籍是江蘇無錫。她略顯憂鬱的眼睛裏藏著不為人知的豐富情感，從她婉約的詩句裏會觸摸一個詩人自由飛翔的靈魂，儘管她顯得有些柔弱。

▲楊榴紅（中）與潘洗塵、楊錦、朱凌波、蘇歷銘

程寶林自費出版了《雨季來臨》詩集之後，極力撮合楊榴紅和我也出版詩集，並提議合集出版《白沙島》。當年如果不與楊榴紅共同出版《白沙島》詩集，我們或許像許多萍水相逢的詩友一樣，隨著時空的變換而相忘於江湖。出於扶持年輕作者的美意，後來擔任《詩刊》主編的張志民為這本詩歌合集寫了熱情洋溢的序《青春的詩，詩的青春》，並在《文學報》等報刊全文發表。

做夢都沒有想到的是，隨後上海出版局針對《白沙島》詩集也在《文學報》上刊載了《非出版單位及個人不能自行編印出版發行書刊》的公函。其中明確指出「你報六月二十日第二二一期第二版上發表了一則兩位大學生（蘇歷銘楊榴紅）自己編輯、自費出版、自己發行抒情詩集《白沙島》的消息。根據有關出版管理方面的規定，黨政機關、群眾團體、學校、企業、事業等非出版單位以及個人是不准自行編印圖書出版和發行的。你報發表這則消息很明顯是和有關出版管理方面的規定相違背的。」在當時，「非法出版」的罪名對於剛剛20歲出頭的年輕人來講，無疑是當頭一棒！之後是宣傳部門出面，查封印刷廠，我們能做的是向各有關部門書寫各種說明書和申辯書。感謝時任北京主管文化的副市長陳昊蘇，他的理解、寬容和幫助，化解了兩個絕望中年輕人的焦慮。他在給北京出版社的信中說，「有關《白沙島》詩集的出版問題，原來自費出版的做法不妥，報刊又不適當地加以宣傳，這些市委宣傳部已經加以干預……為了解決這個問題，我建議北京出版社伸出援助之手，把書稿接受下來，派人認真加以審查，如果沒有什麼不妥的地方，就把這本書列入出版計畫，辦理各種出版手續（包括撥給出版書號）……對於兩位有才華的青年人伸出援助之手，我認為是應該的。希望以積極的態度處理此事。」《白沙島》詩集不但沒有死於胎中，最後一刻在一波三折中由北京出版社正式出版了。經過一個夏天的磨難，終於化險為夷，從高空落地的過程裏，我把這個同患難的女子默默地視為一生的朋友。

大學畢業後她留校任教，曾在《新觀察》等各種有影響的專業雜誌上發表數篇社會學論文，本可以在學術上獨樹一幟的她，卻在一九八八年的冬天孤單地離開大陸，去香港中文大學留學，從此踏上不歸之路，直至最後落腳美國。離開故國之後，她的詩作不再公開發表，一個被同齡詩人暗戀的名字從此淡出我們的視野。我們並不知曉這位格格遠離親人之後，如何應對複雜而又艱辛的外部世界的細節，但我能體會著她不斷戰勝自己的堅強意志。

在離開北京整整二十年後，楊榴紅終於出版了第一本個人詩集《來世》，並回到北京舉辦詩集的首發式。在這本詩集裏，她說泰戈爾的詩是最初引導自己進入詩的自由之境的，「當我站在一株盛開的海棠樹下，等待傍晚的風吹過，讓落花從我的頭頂飄拂到腳下，我的心靈為這沉默中的流逝開啟——」楊榴紅安靜的外表下，隱藏著嚮往自由的不變願望和追求自由的激蕩心靈。「詩人的自由，就是在飽經滄桑之後，依舊使她的詩歌透明、晶瑩、美麗、良善。前所未有的新鮮顯示出她的美麗與光彩。」從最初的無意識，到逐漸自覺地追尋，她的文字總是叩問一個人類永遠延伸的問題：什麼是詩歌的自由？什麼是詩人的自由？她現在的答案是：「是那種創作中的痛苦和創作後的欣快，是死亡與時間給我們的穿透靈魂的震撼。」

楊榴紅作為詩人始終清醒地感知著現實世界，美國北卡羅來納大學「星期五午後」詩社創立者尤金・格雷斯博士對楊榴紅的詩歌意境、寫作手法、獨立思考、巧妙比喻、獨特形式予以由衷的讚美，他把楊榴紅和伊莉莎白・巴羅特・白朗寧放在同一高度，指出她們共有的獨特思想和才氣是時光改變不了的。白朗寧的詩具有熾熱充沛的感情和扣人心弦之力量，語句精煉，才氣橫溢，大都是帶有較濃的感傷情懷。我以為尤金博士的評價並不為過，因為從《來世》詩集中的作品，可以清晰地感受到這種評價的依據。讀楊榴紅的詩，明顯感受到詩人特有的孤獨，她的詩歌喜歡把「你」作為傾聽對象，通過「你」的存在，完成她不同時期的詩歌創作。她的詩作幾乎全部從心靈出發，又不沉湎於自己的個人情緒，其視野所至深遠，心靈所至更遠。她的詩並不全是個體的喜悅和苦難，不是一般女性詩人的淺吟低唱，在閱讀時會清晰地感受到這個特點，即透過表面文字觸摸深藏的思想，與作者共同完成整篇詩歌的美妙感覺。

楊榴紅旅美多年，由一個情竇初開的少女，成為滿懷愛意的母親。她早年詩中經常出現的「銀杏樹」，依舊在北京長得蒼勁，在四季的輪換中舒展清奇的風骨。至於她為什麼把個人詩集的名字定為《來世》，這無從知道，她的詩似乎揭示其中的隱喻：「風中，霧中／她將搖曳，淒涼溫情／如你昔日未見的凝視／卻無法復原相識的一瞬／那個燦爛的微笑」。

野舟

二十世紀是一家空蕩蕩的水果店

徐敬亞、呂貴品、王小妮、劉曉波、鄒進、白光、蘭亞明等人畢業離校後，他們組建的赤子心詩社也隨之不復存在。赤子心詩社只限於中文系一九七七級的七位詩人，如果繼續打著赤子心詩社的旗號顯然不妥，同時也不能滿足當時校園詩歌洶湧澎湃的詩歌浪潮。受校方委託，我開始著手創辦一本全校性的綜合性雜誌，並且鉛字印刷，這在當年超出我們習慣於蠟板油印的想像。首先就是要給一本新誕生的雜誌起個恰當的名字，在和包臨軒等人反復商議後，決定把雜誌名字改為《北極星》，其寓

▲野舟（右一）和陳琛、馬松

意顯而易見，「北極星」能夠體現出北方、吉大，群星的含義。

《北極星》定位是一本綜合性大學生內部刊物，每年出刊兩冊。創刊號於一九八三年秋天出刊，刊首語是由校長、著名化學家唐敖慶親筆書寫，他寄語青年學子要以這本雜誌做為陣地，充分展開學術討論，培養自由、嚴謹和務實的學風。按照這個意見，我努力體現它的綜合性，創刊號上重點刊發各系同學的學術性文章，其中有些人已經成為某些領域的大家。鑒於校園詩歌的熊熊大火已成燎原之勢，我們決定第二期臨時改為文學專號，並動員全校同學為之寫稿。

在眾多稿件中，發現一個叫劉奇華的理科學生寫來一疊詩稿，閱讀時有著一種衝擊靈魂的感覺，他似乎沒有受到校園詩歌氛圍的影響，詞語和意象大膽詭異，與當時盛行的大學生詩歌特質明顯不同，他的詩更能直指內心。在沉湎於青春期寫作的當時，他的詩很難被人接受，但他的現代主義傾向令我耳目一新，便約他見面。在學校附近的小餐館裏，我拿出某雜誌彙來的十元稿費，點上幾碟東北硬菜與他整晚暢談。他顯得很內向，謹慎又有些憂鬱，一旦熟悉起來，他才逐漸敞開秘不示人的內心。我們從詩歌熱愛和專業的衝突開始談起，這個安徽青年說到他想用「野舟」作為自己的筆名，之後又闡釋他詩中凌亂的意象，試圖詮釋所要表達的思想。他是一個純正、真誠的人，內心狂野，愛詩純粹，閱讀他的詩作後即得出他的詩作質量遠在一群活躍的校園詩人之上。包臨軒和我基本上以個性的抒情為主，彰顯一種源自生命本質的清新、優美和自然，而野舟不同，他突出的實驗性、破壞性，具有超越現實的先鋒傾向。

伐柯說，野舟是他所見過當代最羞澀儒雅的詩人，一個自幼喪父、在長江的堤岸邊長大的鄉村紳士，內心深處卻一直在營造一種穿越時空的精神風暴。我很長時間擔心他的專業成績，他比我更堅定地熱愛詩歌，難免在專業成績上留下把柄。野舟年紀雖輕卻有著滄桑的思考，就讀安徽桐城中學時，已經飽讀了康得、黑格爾並留下大量哲學筆記，還曾給舒婷寫信並得到過親筆回復。他本來把目光伸向了遙遠的吉林大學哲學系自然辯證法專業，這是文史哲學科裏面唯一一個文理兼招的品種，事與願違，一個在西方哲學上頗有造詣的才俊被毫無情面地錄到了電子系無線電專業。大學四年，他寫詩四年。

我畢業離校後，把《北極星》雜誌交給張鋒、鹿玲、安春海、杜笑岩、於維東等人手裏，他們不但沒有回歸創刊號的宗旨，進而以這本雜誌為契機，大張旗鼓地成立北極星詩社，進而活生生地把一本表現學生學術成果的綜合性雜誌徹底改造為詩歌刊物。之後，郭力家等不折不扣的資產階級自由化分子染指詩社，充當顧問，《北極星》雜誌在丁宗皓、高唐、野舟、杜占明、杜曉明、伐柯、馬大勇、柴國斌、蘭繼業、馬波等後來者的打造下，旗幟鮮明地彰顯現代主義詩歌精神，完全顛覆朦朧詩之後大學校園裏營造的青春期創作，向著現代主義詩歌靠攏。

野舟永遠是一個被動式的詩人，他與生俱來淡泊名利的情懷使得他更專注於自己的寫作：「整個四月我都在旅行／但不是每個四月／刺球花繞著花園開放／她們激動自己／今年我去了老家／家都是老的／但我至少還象每個人／溫和地生活著／可見家一直是死亡的勁敵／至於槐樹為什麼無意中結滿果子／綠得象很遠的子彈／雲雀胡亂地歡呼　這份快樂／我曾經也有過」。他安靜地寫他的詩，然後時常地說出類如「二十世紀是一家空蕩蕩的水果店」的句子，據說一向以先鋒自居的郭力家談起野舟，表情帶著罕有的謙和。後來他們索性把《北極星》改為詩歌合集《審判東方》，書名透露著桀驁不馴、舍我其誰的情緒，在深圳，他們的師兄徐敬亞、呂貴品等人正全面蠱惑現代主義詩歌大展，這種暗合是詩歌多元化必然的結果。

吉林大學詩人向來缺乏張揚的個性，張峰、鹿玲、丁宗皓，以及野舟等一批人安於自己的筆紙，他們都是那個時代產生的最優秀的詩人，卻甘於邊緣人或旁觀者的姿態，寫他們自己的詩歌。一九八六年前後，野舟、丁宗皓、於維東、李富根、杜占明、曲楓等人編輯出版了《審判東方》、《世紀四》和《宗教人格派宣言》等專集，成為東北地區的強音，即迅速淹沒於詩歌瘋狂燃燒、民刊風起雲湧的洪流之中。數年前，清華大學教授、《藍》雙語雜誌的主編劉曉峰找到我，想出一期吉林大學詩人的專輯，我努力地聯繫著潛伏於民間的吉林大學詩人，大多數人與現存詩壇毫無關聯，我原以為無法再要到他們的新作，沒料到他們幾乎都沒有真正離開過詩，我在郵箱裏閱讀他們的作品時，心中湧起感動的波瀾。我感謝劉曉峰還記掛著吉林大學的詩人，那一期《藍》雙語雜誌刊載了從徐敬亞、王小妮、呂貴品，一直到野舟、伐柯、馬大勇、柴國斌、蘭繼業、馬波等人的作品，較集中地呈現出吉林大學詩歌寫作的全貌。

我沒有能力深入評價野舟的詩歌，更無意誇大他的詩歌成就，他一貫的寫作態度告訴我，在中國有一批真正的寫作者，他們遠離名利和現場，已把詩和自己的生命融為一體，這或許是另外一種真詩人的狀態。有的人在用筆寫詩，有的人是用心寫詩，我一直懷疑經常飄忽於臺面上的詩人身份，他們或許不知道，現實中詩人群體不只是他們看到的，那些不屑於活躍於舞臺上的詩人大有人在。「長安街。今夜我大聲哭泣／村莊母親 墳墓祖父／我的遠方水面佈滿野花／今夜天上和樹下一片黑暗／停著兩個魂靈／我的布匹和稻穀／如此寧靜」，讀野舟的詩，我在想詩人應該是什麼樣的狀態，似乎我找到答案。

非亞

我感到到處都是牆壁

二〇〇八年在《開》詩刊武漢首發式見到非亞，是我們的第三次見面，而前兩次見面，他在一篇短文中記述過：「晚上，（清華大學）一個大階梯教室，人很多，大概是一個詩歌交流會什麼的，但具體講了那些內容我全忘了。我坐在靠後的位置，講座的中間，我後排有一個青年突然問我要看我手中拿著的《現代詩》，他看了一會然後告訴我，他叫蘇歷銘，我當然知道蘇歷銘是誰，八六大展打出『男性獨白』旗號的吉林大學畢業的詩人，而那天分手之後，我再見到蘇歷銘，已經是十幾年之後的二〇〇六在上海默默家裏，很意外，但大家

▲非亞（右三）與一回、花間、阿吾、子梵梅、槐樹、蘇歷銘

都清楚地記得一九九〇年的事情。」他說的第一次見面，是六四事件的次年冬天，是我們精神和身心倍受煎熬和折磨的最痛苦的年代。

非亞既是優秀的詩人，同時又是出色的建築師，他的雙重身份意味著對於城市與建築有著某種不同常人的感悟。比如他談到心目中的理想城市，認為城市最重要的是要有自己獨特的文化，他喜愛久居多年的南寧——其得天獨厚的自然條件，歷史上少數民族和外來人口的交融，形成了城市開放包容以及逐漸多元的氣質。作為建築師，非亞多年來一直從事著建築設計，斷斷續續有了不少建築作品問世，這既是他的職業，也是他實現自己建築理想，影響城市和人們生活最好的方式。而建築設計所需要的嚴謹、秩序、藝術感以及職業態度，反過來也影響著他的寫作，影響著他對詩歌的認識。我之所以不厭其煩地強調他專業上的建樹，是想說一個優秀詩人不僅寫作上要有引以為榮的成就，現實中也能出色地做好安身立命的職業，這或許是當下和未來的社會生活中詩人最好的健康的寫作方式。

作為詩人，非亞呈現了日常生活裏的人性與生命體驗，多年寫作的磨礪也讓他在詩歌中充分顯示出了綜合與平衡的詩學素質。只是寫詩以來，他一直沒把自己看作詩人，直到今天也是如此——因為詩人是一個美好的有著崇高字眼的頭銜，而非亞認為自己，充其量不過是一個走過華東路，在午夜的街頭，聆聽了一首靈魂酒麴的散漫小子而已。他這樣說，是因為詩歌是其內心最為高尚的事情，足以用一生敬畏和追求。他很小的時候，對色彩世界突然產生了興趣，之後一直斷斷續續地和色彩、線條胡亂地打著交道，但卻沒有因此而成為一名畫家，反而成為一位繼續和色彩、線條打交道的建築師。大學時代的迷茫以及周圍詩友的影響，使他意識到了在色彩之外，還有一種東西可以表達和釋放自己身上的卑微和痛苦，這種東西，二十幾年來非亞一直追逐著它，並把它們稱之為「詩」。

非亞曾於一九九〇年創辦民刊《現代詩》，一九九一年又與麥子、楊克創辦《自行車》，在寫作之餘，多年來和朋友一起致力於詩歌民刊的編印。無論多麼艱難，他一直堅守著《自行車》，使其成為真正有傳承有影響的民刊陣地。趙思運說，在這二十年的光陰中，作為重要策劃人的非亞幾乎成了《自行車》的代名詞和代言人。《自行車》同仁中，八〇年代出生的詩人如趙菊、啞啞、小猛、張弓長、黃彬、丘清泉、徐季冬、曾騫、晨田、yellin、九〇年代出生的王一傑，也包括七〇代末的幾個比如原配、低腰、典章、甄言，以及湖南的趙旭如等人，都很有自己各自的藝術特點，而《自行車》的存在，也有助於他們持續不斷發展的寫作，並在這一過程裏，建立起自己的體系和堅定的世界觀、價值觀以及詩歌寫作理念。自行車也在十幾年的探索發展中，形成了自己的寫作特色，並且團結了一批民間詩人，形成了以非亞為代表的「自行車」詩群。他們的詩學取向，更多的指向了現實感的挖掘和日常生活的表達。雖然他致力並熱衷於自行車群體的發展，卻不營造固步自封的小圈子，他說詩歌流派和群體的命名往往是一種理想，僅僅代表著一種寫作方向，單純的詩歌流派和群體命名，其實對他個人寫作並無影響，相反他始終保持著自己寫作上的獨立，並警惕風格的趨同。

在詩歌的寫作上，非亞認為，「詩直接就是生命本能和生活方式，強調詩歌與日常生活的維繫性。」從這一點來看，非亞的寫作無疑屬於「口語化寫作」，但是他與許多「口語詩」詩人寫作有著不一樣的對於「詩本體」的理解，並且在自我眾多的詩歌實踐中，踐行著自己的詩歌審美主張。「詩到語言為止」強調了詩歌的自我呈現功能，賦予了詩歌很大的主動性，「詩以自己的身體說話。在這個身體上，不需要另一個自我表白的舌頭」；而非亞模糊了詩歌形式，重視其為人存在所附屬的現實意義。這一點，正如自行車的另一位成員羅池談到的——「詩歌不是文學，不是詩體文學，也不是散文體的。詩無體。甚至，詩不是詩；『詩本身』這種東西根本就不存在。存在的是人、個人、人們、人類。人就是詩。此外無詩。」而在非亞看來，詩歌中的自由精神「只存在於詩被創造出來的那一瞬間，其他時間，一種禁錮早已存在於日常生活和行為之中，我要做的，就是用詩歌來衝破這重重黑暗。」寫詩，就是衝破「日常生活和行為」的「一種禁錮」的方式。「禁錮」的是方式，生活的體制把人禁錮在沒有詩意的零度表達中。詩歌作為生活的呈現，作為先行軍，必定要先突破自身的形式限制，達到「詩無體」，從而突破生活中的體制。非亞的詩歌觀點代表了「自行車詩群」的寫作意圖：「自行有理的另一個原因是它涉及到了人的解放，人解放比什麼都重要，因為人解放你會更覺得自行絕對有理，畢竟，自行的目的和首要前提，就是打破一切條條框框和戒律，打破自身的極限向另一個高度去蹦。」

身居都市，在和自然的距離日益拉大的過程中，詩人感到在都市生活那種人與人交流的阻隔以及與都市的隔膜：「我感到到處都是牆壁／到處都是被折回的目光／我行走在一個／極其煩躁的／環形物中間／然後又深陷於一棟厚實的／房子／……／然而當我／跨出一步／我看到一堵牆壁／又出現在我面前」（《我感到到處都是牆壁》）。對現實的硬度和抗爭背後，是對於詩意的苦苦留守，詩意帶來的是對都市生活禁錮中焦慮感的緩衝作用，這也驗證著他提出的詩歌是衝破都市生活禁錮的一種方式。非亞說，「詩歌一旦誕生，就將脫離作者而去，成為一個獨立自在的生命，不再受我控制，從這個意義上說，我面對、打量、審視這些詩的時候，和讀者一樣只是一個沉默的旁觀者。」在自己的第一本詩集後記裏，他坦承自己寫下的這些詩篇，有許多是不值一提的垃圾，大多數的作用，也僅僅只是在角落裏閃一下光，然後繼續呆在角落裏，這些，絕對都是可以看得見的命運。這種對自己作品的認識，其實也反映著作者對於寫作的一種清醒吧。我不知道別人的認知，他對自己作品的態度倒是和我有些類似。

非亞給人的印象是溫文爾雅的，不浮躁，不極端，不自封，略已花白的雙鬢襯托出優雅和純靜的氣質。他和熱帶城市南寧融為一體，溫暖而燦爛的陽光，寬大而翠綠的闊葉，平和而迅疾的陣雨……這些，都帶給他寫作的靈感和生活的氣質。我經常品味他寫給我的詩，既是兄弟情誼的暖意，又是自我清醒的警惕：「我們總是一致地敬重一種東西／把它們弄出來／排列到紙上／可以肯定的一點／在滿大街的人群中／除了讚美／我們從來不懂得用詩去欺騙一株樹／我們從來都老實得／不是詩的騙子」。

京不特

把槍口對準自己

前幾年在上海時，默默曾說起京不特的情況，並問起我是否記得這位撒嬌派大師，當時我不假思索地搖頭，說我並不認識他。默默詫異地盯著我，分明是懷疑我的回答。我努力地回想，印象中除了在《撒嬌》雜誌中見過這個名字外，記憶中確實沒有見過這個人。直到前兩天，在翻閱一本舊詩選時，看到京不特的名字，我特意翻看他的簡歷，想看看這位被稱為撒嬌大師的人的來歷。在我看到京不特就是馮駿時，立刻想到默默迷惑的眼神，這個京不特，我當然認識！

▲京不特（左）與默默

當年參加革命工作，每個青年幹部都必須要到基層工作一年。我所在的機關在青島海濱有一座療養院，聽說那裏緊靠大海，且擁有一群年輕貌美的護士，我便提出去青島基層鍛煉一年的申請。我的如意算盤是，在海邊的一年時間裏，不僅可以在療養狀態裏讀書、寫字，或許還能和某位護士喜結秦晉之好。但在外派的前夕，我的頂頭上司，也就是後來風靡全國的《狼圖騰》作者的姐姐，因為她上海出身的緣故，勸我還是選擇上海。到達上海之後，當地的基層單位對我特別照顧，除了安排一些表面的工作之外，還為我辦了一張公共汽車年票，使我旅居上海的空閒時間大都變成詩意的時間。

記得一九八五年剛到上海，我就去復旦大學與傅亮見面，之後他帶我去華東師大見陳鳴華。傅亮和陳鳴華是我大學時代通信最多卻又未曾謀面的詩友，我們一見如故，不存在任何陌生感。那一年裏，只要有詩歌活動，他們就會喊我一起參加，使我有機會結識一大批上海的詩人，而特立獨行的馮駿就是那時候認識的一位詩歌朋友。那是一九八五年夏天的一個晚上，在華東師大附近一家茶館裏舉行的一個文學社的聚會上，我和京不特匆匆地打了一個照面。當時，正值《文學報》等報刊熱情介紹《白沙島》詩集的當口，這在當時的詩壇上無疑會被同齡詩人羡慕，其實他們不知道這本幼稚的詩集隨後而來的厄運，給我帶來麻煩和覺醒。當天京不特背著一個大書包，十分熱情地邀請我一定要去南京路和江甯路交彙處的星期文學茶座，說那裏雲集了上海眾多的文學青年，鬱鬱就是那裏的中堅分子。友人勸我不要去，說那群人基本上都是地下詩人，並提醒我文學茶座的合法性，或許會給人帶來麻煩。

可我還是去了。依照模糊的記憶，我記得每人要交上茶水錢，還有一些非公開出版的詩刊在售。京不特送給我他編的《藍潮》詩刊，其中的作者大都是上海師大的學生。客觀地說，當時在上海學院詩壇上，詩耕地和海星星擁有巨大的影響，這使得他們或多或少地對其他院校予以輕視。京不特的綽號似乎叫「馮大頭」，這比較形象，從他外表清秀內心野性的形體來看，他的腦袋按比例劃分似乎應該歸到大號之列。他有著上海人特有的細心，當晚帶著我乘車倒車，一路上給我照顧，在夜色中奔赴上海師大，那裏還有他們本校的詩歌活動。京不特格外推崇同是上海師大的陸憶敏，恰巧那晚陸憶敏沒在現場，他有些失望，但我見到了在校的宋慶平和蘇宏等人。

那時上海還有一位另類的詩人，他叫吳非。我們也是那次茶座上認識的，後來他約我去他家吃飯，酒菜剛剛端上，車間主任敲門而入，當面警告吳非，如果繼續迷戀詩歌而曠工，集體企業將把吳非開除。在那個年代工作就是飯碗，就是命，而吳非毫不含糊，當即作答：老子不幹了！當時我驚呆了，完全被這個貌似老實的上海人的舉動震撼了。詩給人勇氣？我不太信。但為了詩，耳熟能詳的朋友作出了多少犧牲呢！這些年來，吳非早已不再混跡於詩壇，但他在取捨時選擇精神的舉動有時被我想起，總不能遺忘。

由於出國留學，對我而言，九十年代的中國詩壇是一片空白。從後來的瞭解中，我得知馮駿之所以叫京不特，是因為「京，就是北京的京；不，就是不聽話的不，不規矩的不，不要臉不識相不老實的不；特，就是特別的特殊的特務的特，特傻冒特噁心特滋潤特鬱悶特無聊特崩潰特刺激特無恥的特，特特特，特特特，特特特，特，京不特！」在八十年代後期，他因為長詩《第一個為什麼》被上海的有關單位當作工作物件，之後他離開上海到南方佛教寺廟隱居。一九八九年，京不特到達泰國，並轉到老撾，在監獄中被關押兩年，直到經過聯合國難民署的幫助獲得在丹麥的政治庇護。馮駿現是丹麥公民，獲得哲學碩士學位，在丹麥一直從事哲學研究翻譯工作，並在國內出版哲學譯著。

按照默默的說法，撒嬌之所以成為派，是和當年的京不特有著密不可分的關係。因他倆的詩多帶黑色幽默，與《海上》、《大陸》詩刊編輯方針不符，未能選用。那時大家嚴守各自的藝術標準，不像當下無原則地苟同和吹捧，正是被冷落之後，默默向同病相憐的京不特發出共同組成詩社的邀請。京不特的日記本上有一首叫《傻叫》的詩，默默說，《傻叫》沒有金斯堡的《嚎叫》好，或許是按照漢語發音的推導，他們竟把詩社的名字起為「撒嬌」。在那個相對嚴肅的年代，公開「嚎叫」是不被允許的，京不特和默默等人選擇「撒嬌」來表達心中的「嚎叫」，也就是「溫柔的反抗」。而隱藏在這溫柔背後，他們真正想做的不過是「撕破那些偽君子的面目」，「詩歌可以真正的平民主義」。

從照片上看，京不特依然留有當年的影子，又很難辨出當年清瘦的表情。這位數學系的才子最終選擇哲學，似乎是一種公式最終推導的必然。我在想，如果當年詩人間能有足夠的情懷，即寬容的情懷，他或許不會和默默創建「撒嬌」。如果安心於數學的講臺，他或許無法再衍生出傳奇的故事。這就是命，看破紅塵補紅塵。與京不特的同行往事已經太久遠了，我真的回憶不出那晚去上海師大之前，我們在哪里吃過晚飯，但記得他們校園的活動室，坐滿一群詩歌青年，還記得房間裏的燈光很暗。

樹才

秋天是一面鏡子

二〇〇八年秋天，為表彰中國詩人、翻譯家樹才為中法文化交流所做出的突出貢獻和在法語文學研究領域所取得的傑出成就，法蘭西共和國駐中國大使蘇和在其官邸主持隆重的授勳儀式，向樹才授予法蘭西共和國騎士勳章。這些年來，樹才在中法文化交流中，尤其在中法詩歌交流中起著舉足輕重的作用，他用大量的精力和時間，向中國讀者介紹法國詩歌中優秀的作品，讓塞納河的水聲流經東方的大地之上。

上世紀九〇年代，樹才和莫非、車前子等人倡導第三條道路時，我剛剛留學歸國，並不清楚「第三條道

▲樹才（左一）和車前子、莫非、高星等

路」的藝術宗旨。後來在介紹文章中大概瞭解到樹才當年的意圖：消解「盤峰詩會」以來「民間寫作」和「知識份子寫作」的刻意對立——這種對立企圖將詩歌「江山」一分為二。樹才非常厭惡這種二元對立的做法，「第三條道路」是「每一個詩人都有自己的路可走」的意思。樹才特別強調，「第三條道路」是每一個詩人潛在的、該走的道路，它決不是「我的」道路，它是敞開的，寬容的，自由的。

十年前在黃亭子酒吧見到樹才，那天他正以平緩的語調朗誦著自己的新作，我驚奇地發現，他的聲音充滿特殊的磁性，非常好聽。樹才說我的模樣和留學前一樣，幾乎沒有改變，我調侃地告訴他，我連大寶（化妝品）都沒有抹過。其實在激變的時代裏，我們的內心都產生過深刻的裂變，有些變化是無法顯現於臉上的。從那時起，經常在雜誌上讀到樹才的詩，那些乾淨的語言和智慧的詩意，以及詩篇的形式，似乎只會出自樹才之手。

他的《多麼薄，多麼寒冷》是一首觸動人靈魂的詩作，「這個早晨多麼薄，多麼寒冷／一群凍暈了的灰鴿，不知道／天空已經結冰，一陣撲楞／就不知墜到哪里去了／西北風在牆角磨得飛快／／這些汽車多麼慢，多麼急人／一個老乞婦在橋洞口被凍醒／只知道哭泣。西北風的鞭子抽得／她多麼疼呵！但人們匆匆走過／像逃難的螞蟻，誰也顧不上誰／／西北風主宰的這座大城，誰／也跑不了！水泥電線杆還好受些／它的光頭上至少還亮著一盞燈／而那位被遺棄在橋洞口的老乞婦／能不能熬過這西北風整夜的抽殺」。樹才談到這首詩的寫作背景時，曾寫到：「今天大風天，西北風刮得凶烈！下午我下樓，出小區門，步行到菜市場去買菜。拎著菜兜往回走的時候，我感覺西北風刀片一般生生割著我那雙沒戴手套的手：太冷了！如果這雙手會哭，我相信它們已經在低泣。我不禁想起了這首詩。1999年2月某一天的寒冷，彷彿又回到了我的手上。但那一天的寒冷，遠遠勝過了今天。今天，我只是感到穿得太少，身子『單薄』，但那一天的『冷』，卻是從我的眼窩直滲進我的腑髒：我看到了在橋洞口低泣的那位老乞婦！瞧吧，紛亂的人群匆匆而過，但沒有人停下來，沒有一個人……彷彿『老乞婦』本來就在生活之外。當你察覺這個繁華的大城市那麼欠缺同情心的時候，你怎能不感到那種滲入骨縫的『冷』呢？冬天讓我格外珍惜『溫暖』這個詞！」

在收到我的自印詩集《陌生的鑰匙》後，樹才特意打來電話談他閱讀的感受，這使我非常感動。他讀得十分仔細，娓娓暢談著自己的認識，這種舉動讓同樣置身在「冷」環境中的我感受到，一個渴望溫暖的人首先給別人送去溫暖。那天還聊到從非洲回來後，他選擇學術單位作為自己事業的初衷，這在欲海橫流的現實中需要勇氣。放棄「體面」的工作而選擇「單調」的生活，他專注研究二十世紀法國詩歌和詩學，同時把大部分時間花在寫詩上。樹才渴望詩人之間真摯的情感和友誼，對所謂虛妄的詩歌利益嗤之以鼻。我贊同他的話：「詩人應該羞於獲得各種形式的實際利益。那些詩歌獎除了滿足詩人的驕傲心和虛榮心，不會給詩歌本身帶來任何益處。詩人欠詩歌的太多了，應該通過寫出好詩，來償還這份欠債，而不是讓詩歌給予你什麼。」

或許有人認為作為翻譯家的樹才會輕視傳統，這是一種可怕的誤解，恰恰相反，他曾專門寫出《為什麼說「傳統是我們的血」？》短文。樹才把「傳統」喻為「我們的血」，這無疑是有力的。他所指的傳統是活的傳統，僵死的東西從它僵死的那一刻起就已經為「傳統」所拋棄。對漢語詩歌來說，傳統首先意味著我們的母語。漢語從誕生時的象形文字，經過文言文的古典漢語，一直流淌到今天的現代漢語，詩歌作為漢語的精華，是《詩經》、《離騷》，也是古詩十九首、唐詩、宋詞、元曲，甚至也是「朦朧詩」中的優秀作品……在這個長江黃河般的流淌過程中，詩歌傳統可以被理解為一種歷史真實；它的赫然存在，不以任何個人的好惡為轉移，也不是誰想「打破」就打破得了的。百年歷史已經證明，「全盤西化」不是中華民族的出路，這種「模仿心態」反倒暴露出一個民族缺乏自信心。樹才強調，西方詩歌對中國新詩的誕生，其影響主要集中在詩歌觀念和表達技藝的刺激和啟示上，而真正催生新詩的力量仍然來自古老的漢語！他認為，翻譯詩歌也是我們詩歌傳統的一部分。說到底，詩歌的任務就是對母語做貢獻，豐富它的表現力，使它鮮活、純潔，並且富於民族的精神特質。

樹才四歲時就失去了最疼愛他的母親，他至少比我更能深刻地體會人世間的冷暖，他的心靈是堅強的，這使他坦然且從容地直面各種打擊。他瞭解自己的性情，也忠實於自己的性情，有所為有所不為，他享受著自由和快樂，不需要全日出勤，在商業社會中看淡金錢之累，潛心於讀書、寫字、做學問。他真正做到「不惑」，沒有什麼能把他同「生活」分開，沒有什麼能讓他放棄手中天壇公園的年票。

萊耳

詩歌的沉靜和網路的自由

留學回國後曾在上海短期工作，無意中發現一個叫「詩生活」的網站，那段時間我經常流覽詩生活的各個欄目，瞭解和觀察闊別十年的國內詩壇的動向，從中也重新找回不少詩歌舊知。在重商主義橫行的年代裏，一個純粹的公益性詩歌網站是無利可圖的，它的存在曾引起我的好奇，由此我知道創辦人萊耳的名字。真正見到萊耳，則是在二〇〇七年阿吾詩集的發佈會上，她和藍藍倚窗傾談，在眾人互相問安的間隙，與她握手相識。我一直覺得和

▲萊耳

她是經年的老友，倒不是因為詩生活的緣故，似乎前世曾在一個區域把酒言歡過，所以從來沒有假意的客套和拘謹，反而是無話不談的知心故交。

應該說，詩生活是中國互聯網詩歌網站的先行者，它在詩歌論壇大行其道時獨立於虛擬世界，又在詩歌論壇悄然退場後堅韌存活。它是國內第一個擁有自己獨立的功能變數名稱和空間，第一家擁有專業的伺服器，設計了第一個基於WEB頁面專業的新詩論壇、翻譯論壇和兒童詩論壇，也是第一家向詩人開放的專業的自助式專欄，建立了第一家網路詩歌通訊社、第一家網路詩歌書店等。現在詩生活網包括論壇、詩通社、詩人專欄、翻譯專欄、評論家專欄、當代詩庫、詩觀點文庫、詩歌專題、詩人掃描、詩歌書店、詩生活博客等十餘個版塊，擁用漢語詩歌網站中最專業、最嚴格、數量最多的詩人、評論家及翻譯專欄。在詩歌多元化的當下，它一直倡導獨立、平等、互動和包容的精神，為詩人和網友之間的創作及交流提供了良好平臺，網友來自中國及世界各地，多為活躍的當代漢語詩人。這些理念的提出和堅守，無一不與萊耳相關，如果說新世紀在中國影響最大的電子載體，毫不猶豫地首推詩生活網站。

作為網路詩歌的積極推動者，萊耳在談到和傳統詩歌的區別和矛盾時說，不管詩歌怎麼寫，寫在什麼地方，用什麼方式傳播，都無法改變詩就是詩的本質。創造性是詩歌的活力，決不會因寫在竹簡或絹紙或網路的而改變。同時，詩歌的創作並不是任意的，不是怎麼寫都行，不是「藝術可以亂搞」的塗鴉，任意的後果只有一個，就是無價值。當然網路的創造性和混亂性是並存的。既不要誇大網路給人類生活、人類思想帶來的革命性改變，也不願意妖魔化網路的出現給我們帶來的諸多問題，如隨意、浮躁等等。毫無疑問，網路對詩歌創作有推動和鼓舞作用。它的偉大之處在於，網路的普遍化創造了一種高於地方性的價值觀和美學體系，但同時又並沒有否定人們各自的價值觀和美學標準，相反在氣質上，網路的吸引力和挑戰性，是傳統紙媒無法比擬和抗衡的。生活需要詩歌，而且一直對詩和詩人懷著樸素的敬意，對好的詩和詩人依舊有衷心讚美的心情，這和所謂的傳統與網路沒有關係。

雖然萊耳是詩生活網站的掌門人，但從未沉湎於網路生活，相反她比任何人都無限熱愛現實生活。每次見面，她都會選擇綠樹如茵或鮮花盛開的咖啡店，起初我覺得她有些小布爾喬亞傾向，但她骨子裏自然而然的做派，早已將這種所謂的高雅生活變成她的生活常態。「草地上一隻淺灰色的小鳥／用它細小的腳散著悠長的步／陽光懶洋洋地照著我／我懶洋洋地看著它／後來，另一隻小鳥飛來了／它們一起撲騰離開了原地／我不知道它們是不是一對情侶／我聽不懂它們從空氣中傳來的話語……」《草地上一隻小鳥在散步》就是她日復一日虛擲光陰寫出眾多詩篇的一首，她努力地把華僑城描繪為人與自然天成的美景，而事實是，這裏是中國最具改革開放銳氣的所在，她淡定地夾著每天要讀的書，避開酒吧的喧囂，在書吧或者咖啡店裏從容閱讀，沉湎於書中人物的命運和植物的生息。她似乎有自己選定的位置，咖啡店的人大都認識她，在靜謐與懷舊氣息的四季裏，她已經成為深圳安靜一角的標誌性人物。

除了寫詩之外，她尤其擅長攝影，用她並不專業的相機拍下許多專業的圖片。2011年春，她和默默在深滬兩地連袂舉辦一場名為「光陰是用來虛度的，光影是用來慈悲的」的影像展。他們用詩人獨特的觀察，用詩意的想像，去充實視覺藝術，不僅豐富了影像的語言、表現力，拓寬了影像作為一種詩意存在的邊界，也創造了詩歌的另一種語法。他們用照片寫詩，用詩意放大光影的靈動，用審美打開現實的離奇。相機作為一個介質，作為一個法器，在詩人手中，變成一個真正的魔盒，用來收集事物的靈魂。

萊耳的攝影作品，光是自然的存在，光是溫柔的，溫暖的，清新的，放射著她透明的情緒。她的照片是與自然、與風中的事物，不期而遇的低語。恬靜的光透過自然與城市中的細節，喚起人們擁抱的衝動，並投入到觀看當中去，產生對美的垂涎。在萊耳的眾多照片中，影扮演了骨架的角色，影的層疊使光具有了穿刺的能力，影中若隱若現的事物，才是照片中具有誘惑力的、撥弄眼睫毛的音符。被影包圍與安放的玫瑰花，讓人想起婚禮與葬禮的間隙、聽到的一支牧歌。影說出了照片背後的千萬種可能。呂貴品看了展覽後，感言詩人首先是一種品質，在這個人人都手持相機的時代，一個普通人拍出一兩張好照片，或者寫出一兩首好詩，都不奇怪，但要拍出一批像樣的作品卻不是件容易的事，這就需要品質，而相機相當於人的大腦，只有有品質的藝術家才能駕馭它。萊耳說，事實上我並不認為我是在有意識地透過鏡頭想去看什麼。早在相機快門發生動力之前，一切無意識的或潛意識中的日常圖景，便已經展開了我對生活的想像和觀察。也就是說，是先有了圖像，而後才有捕捉。這些圖像大致包括，在日益節奏化和模式化的當下，源自想像空間的那些原本細緻入微的圖層鏡像，隨時會煙飛灰滅的現實一瞬，流動但將永恆的記憶，或輕快或舒緩的聲音。從萊耳的攝影說開去，她的詩與照片又是一脈相承的，簡單、空靈、簡潔的節奏和音符，較少去作多元複調的嘗試，與她詩歌的語言是一致的。

不久前去深圳出差，從機場進城的路上，被萊耳喊去參加高興的羅馬尼亞現代詩歌讀詩會。他們把讀詩會安放在舊天堂書店，這是天合之作，在書櫃之間清讀美好的詩句，與傳統的中國式詩歌朗誦有著明顯的差異，它更能傳遞詩歌本真的聲音。我想說，萊耳是中國詩壇上自覺自願任勞任怨的詩歌義工，她不事張揚之品德使她主張的詩歌策劃和活動大都不落俗套，除了詩歌之外，形式上也很詩意。

萊耳是一個極端熱愛自然的詩人，她往往忽視身邊的都市生活，在被現代社會切割無數遍的自然景觀裏營造著理想的自然世界。趨於冷色調的詩歌語言，以及繪畫的線條運用，使得她的詩與其他女性詩人有著明顯的不同。萊耳的詩歌能穿過紅塵，不惹塵埃，總在自然懷抱中終結最後的遺詞。溫和、優雅、靈動，又使湘楚之女有著異域的現代主義特徵。

我喜歡萊耳帶我喝茶的每一個地方，也想模仿她貌似小布爾喬亞的舉止，可每次喝茶，我都習慣於牛飲，事後格外後悔。

谷禾

我必須病得更深

二〇〇三年去深圳參加青春詩會前，朱凌波嘲笑我有些「老不要臉」，勸我不要參加所謂的青春詩會。我沒有受他的影響，毅然決然地飛往深圳，而他也隨後來到深圳，和從珠海趕過來的宋詞等人一起「不要臉」重回青春的狀態。

谷禾就是在青春詩會上結識的。他出生於鄉下，成長於縣鎮，立命於京城。他熟悉鄉村，又和都市保持距離。他是懷著深厚的鄉村情感而不是鄉村情結，真實且不變色地展開自己詩歌的構想。來自中原鄉村的他，不被詩界的時尚性事件所裹挾，不被貌似先鋒性的探索所迷惑，始終忠實於生命的體驗，忠實於鄉村的細節和意象，其詩歌形成了自己獨特的風格。

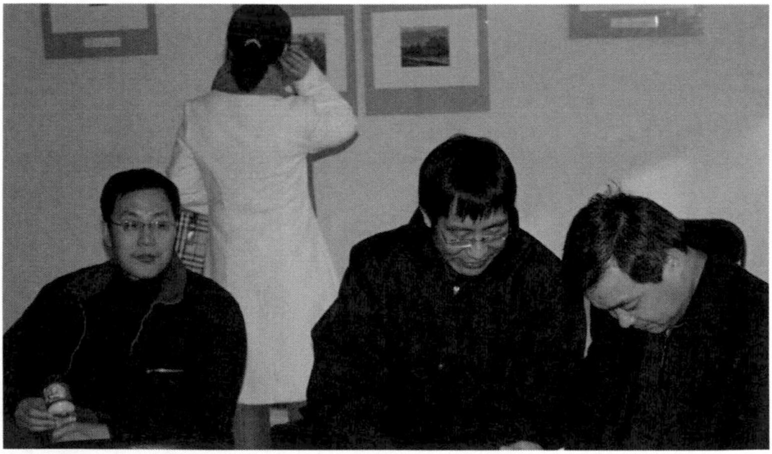

▲谷禾與王夫剛等人

谷禾住在北京的通州，我曾調侃他「是個永遠不想進城的人」。谷禾說：「如果把北京比作一座富麗堂皇的宅院，我就是一隻在它的屋簷下築巢的燕子。不過和那些本地的燕子相比，我的羽毛遠沒有它們漆黑，目光沒有他們光亮，甚至連眉毛也是灰色和圓形的。」谷禾不同於其他寫鄉村的詩人，他游走於城市與鄉村之間，站在城市的生存立場，他的詩更多了對鄉村和生命的熱愛和關懷。在現實中，這位生於泥土、長於泥土的詩人，最終選擇了城市生活，但他與生俱來的鄉村靈魂一直都不肯在城市的樓群間停留，即便是片刻瞬間，「我晦暗的臉伸出窗臺／整幢大樓最突出的部分」，他都在逃離和抗爭。他不是城市文明的反對者，只是城市另一面的黑暗和齷齪讓這個自然之子感到惶惑。谷禾在詩中特別喜歡用與「白」相關的詞語，「潔白的乳汁」、「白雪的泥燈」、「白色的煙霧」、「白晝氾濫」、「最後的白」、「漫山遍野的白」、「白得耀眼的光芒」等，希望「讓一頁白紙把我帶走」。我不知道是什麼觸動了他對「白」的鍾愛，在詩人的心靈之中，也許「白」是一種寫照或者是一種純淨。在他質樸的臉上，幾乎看不見城市污染的痕跡，他的眼睛裏充滿無奈和孤單。

谷禾一手寫詩，一手寫小說和散文，在他的作品中，鄉村的任何事物似乎都可以入詩，總是信手拈來。如果說炊煙、槐花、起伏的麥浪、熱烘烘的牛糞是鄉村通常的描述，而那「兩隻鳥兒搭著翅膀在頭頂飛過」的出現，如果沒有切膚的體會和充滿愛意的觀察，是不可能抓住這樣的細節，寫出這樣的句子的。而選擇在夜色中讓一條河流遠，這使人陷入各種聯想，在生命的不經意中，或者說是不察覺中，一些美好的事物正在消逝，醒來時已經不再是昨天的河流。確切地說，谷禾不是鄉村詩人，他是自然詩人。他的鄉村可以是單指他生活過的村莊，也可以理解為人類賴以生存的大地。他的獨特之處是在城市和鄉村的巨大反差中，以鄉村為背景，表達現代人的茫然和惶惑，叩問生命中的不公平，同時沙啞地呼喊著一些日漸弱化的悲憫情懷。谷禾的草根性表裏如一，他的詩歌和小說，總能立足於個人經驗、有血有肉的生命衝動、個人地域背景、生存環境以及傳統之根的寫作。

讀谷禾的詩，有時我的腦海裏會閃現二十世紀美國最傑出的詩人之一羅伯特・弗羅斯特的詩篇。弗羅斯特的詩主要描寫大自然，尤其是新英格蘭的景色和北方的農民。他的詩大都通過鄉村的意象，展現自己的思想，而且詩句形象而生動，具有很強的感染力。在詩歌風格上，谷禾詩歌的最大特點也是樸素無華，含義雋永，寓深刻的思考和哲理於簡潔樸實的詩句之中。我不敢妄言谷禾已經接近了弗羅斯特，但從某種意義上講，比喻構築起谷禾詩歌結構的有機張力，自然界中的一切都可能成為他詩歌中比喻的喻體，使其語言清新活潑，生動形象，豐富了作品的表現力，增強了作品的感染力。谷禾的詩中沒有矯揉和時尚的辭彙，有些句子甚至還顯粗糙，這反而使我們更能接近他要表述的本質與核心。在很多人苦心積慮創造新奇的時代裏，谷禾用樸實無華的語言、平凡的比喻，構成通篇的詩意。

谷禾有著一張質樸、堅韌的臉龐，有著小說和詩歌雙重表達的手段，有著樂於助人的共產主義情操。二〇〇四年底，在我創辦《投資銀行家》雜誌時，谷禾以他有限的辦刊經驗熱心相助，使我在毫無經驗的情況下敢於貿然前行。在編輯詩人群體裏，藍野也是特別的一位，他和谷禾的經歷和狀態有些相近，他們忠實於生命的熱愛，捨棄故土而北漂京城，除了寫出自身的優秀詩作之外，還為繁榮大清帝國的當代詩歌盡著園丁的責任。

谷禾的人緣極好。過去我的詩歌交往基本上局限於老友之間，結識谷禾後，在他策劃舉辦各種的詩歌活動上，有幸見到陳先發、池凌雲、遠人、韋白、田桑、簡單、高春林、哨兵、郭曉琦、楚天舒、金所軍、姚江平、阿西、陳樹照、玉上煙、夏春花、陳小素、胡茗茗等一大批未曾謀面的詩人。其中的楚天舒利用老故事餐吧的平臺，為在京、來京的詩人、作家、藝術家們提供藝術氛圍濃郁的場所。在那裏我參加過殷龍龍、楊榴紅、呂貴品等人的詩集首發式，宋醉發的「中國詩歌的臉」展覽，食指六十歲生日紀念，以及王燕生、葦岸追思會等活動。

谷禾忠實於心中的夢想，創刊了《中國散文家》雜誌，無怨無悔地致力於中國人民的偉大文學事業。其實對於他的舉動，我心中相當悲觀，不過他必須把激情點燃，即使化為灰燼也曾有留下過暖色的光芒。對於我而言，因為有谷禾這樣值得信賴的兄弟，與詩歌相關的事宜我敢應承下來，比如《中國詩典》，是他在浩若煙海的詩歌海洋中選編初本，並且堅持自己的主張。有時我感慨於他旺盛的精力，但細想一下，對於依靠文字維繫生活的人，他不能懈怠，必須忙碌，必須把文字的內涵和外延處理妥當。加上他沒有很好地遵守計劃生育的國策，擁有兩個非孿生的兒女，只能像他自己描述的那樣，一隻勞燕飛來飛去。為了貼補家用，他把陽臺出租給不動產仲介公司，但陽光依舊可以照暖自己的生活。他樂觀的生活態度經常感染著我，每次和他小聚後，我都會目送他在地鐵站入口處消失，直至他的影子和大地融為一體。

身懷絕技的人不需要策馬揚鞭

子梵梅

數年前我去角美鎮，在黑棗的新書店裏第一次見到陳功，那天他專門從廈門趕來，之後又載我返回廈門。交談時，除去他內斂品性外，他對詩歌的專注與摯愛，留給我深刻的印象。第二次與他見面時，我要趕晚班飛機返回北京，他喊來從未謀面的子梵梅一起晚餐，那是我第一次見到子梵梅。之前我已知道子梵梅也是阿吾《開》詩刊的同仁，因此平添一見如故的親切感。我一直相信阿吾的鑒賞力，他能把子梵梅視為詩歌同道，絕非隨意之事。在阿吾創辦《開》詩刊時，

▲子梵梅

我曾建議他參考廈門詩人的《陸》詩刊的開本和裝幀設計，現在我把這兩本民刊放到一起，從開本上看它們十分相似，而子梵梅恰巧是這兩本民刊的中流砥柱。

廈門詩人是一個先鋒且寬容的群體，他們不擅長依傍體面的詩歌載體，實聚形散的狀態中蘊含詩歌本質的力量。廈門是一座溫馨的海濱城市，相對於北京、上海等大城市，廈門顯得小巧而精緻，與貧困落後的小城市，則恰到好處地有著現代都市的規模和氣息。在廈門，東方的傳統文化和西方的現代文化非常巧妙而融洽地彙聚一起，它的最大魅力是充滿人情味，每個人似乎都很輕鬆從容，享受著舒適而有尊嚴的生活。我見過的陳功、威格、子梵梅、顏非、葉來、高蓋等廈門詩人，無一例外地都是「舒適而有尊嚴」的詩人。前年，朱凌波和我從香格里拉出發，最後到束河小住，從子梵梅那裏得知威格也在麗江，當晚與他相聚束河，使我們在詩化的美景中擁有一個難忘的詩意夜晚。

阿吾在廣西陽朔召集《開》民刊同仁的聚會，子梵梅從廈門飛來，那天阿吾、非亞、一回、花間、槐樹等人和我前去長途汽車站迎候這位光榮的人民教師，她顯然沒有料到夜色中全員接她，一回和花間不知道從哪里摘來鮮花，使得她喜悅且流露出女性特有的羞澀。除去我們幾個人外，數位《自行車》詩歌同仁同程歡聚，這令我絕少參與詩歌活動的人，感受到詩歌的強大。那兩天當我們晚起早餐，子梵梅頭頂鮮花編織的花環，已在巷口的木椅上坐享秋天的時光。她舉手投足間散放著平和、優雅、寧靜、神秘的氣息，這些人格的潛質反襯著她詩歌作品的某些特質。

呂德安談到子梵梅的詩時曾說，「很久以來，詩歌中一種我們希望讀到的聲音——追問靈魂的聲音，正在被這個世界逐漸地稀釋和淡忘，要不變得『波普』，事物在裏面受到普遍的均質化，意圖明確，變成廉價的出場，降低了標準；要不「口水化」而成為滿地庸俗的語言流水帳，詩歌不再令人敬畏。但是我們知道，詩歌和詩人仍然是我們這個文明的良知和精神所在，並且事物總會在折返中找到與之暗合的詩人。因此，和當代中國許多優秀詩人或正在成為優秀的詩人一樣，在子梵梅的那些高度敏感的詩篇中，這樣的聲音正在得到還原」。

「我悲傷，所以我寫詩」——子梵梅曾在一篇創作自述中如是說。我無法探知她的悲傷源於何處，抑或它本身就是與生俱來的，每一個詩人都有寫詩的動因，悲傷往往使得詩人更能穿透塵世。她把悲劇視為日常性的存在，極力想在不可控之地，讓每一個人做到每天如何減少一些屈辱，而不是每天如何增加一些尊嚴。她的《一支曲子》就是內心悲傷的典型之作。她是一個苛刻的完美主義者，當發現用十行可以達到的東西，竟然用了15行，就無法容忍自己無效的揮霍，並懷疑是否能寫好它。她是一個詞語節儉者的吝嗇者，講究詩的「分寸感」，在整個寫作過程中總是小心翼翼。

子梵梅偏執於自己的寫作習慣，比如一直回避一首詩裏的「第一人稱」，她認為第一人稱是可怕的東西，它使一首詩，尤其使一首短詩受到極大程度的限制。所以很多時候，當無法避開「我」，她只好設置一個「她」或「他」，甚至有時寧願用「它」。也許這是因為她對物比對人更容易產生信任感。她還喜歡在詩裏埋入一個情節，重視敍事和白描的寫作力量，常在落筆之前已經完成腹稿。她視覺要比聽覺活躍，她的詩中場景比比皆是，像是聾人相信眼睛目睹的事物。她對現存世界有著獨特的感悟，在敍述當中就會覺得敍述物件「即將毀滅」，詩稿上殘留下來的大都是即將消失之際的快感。她努力在悲觀中挖掘隱秘的樂趣，似乎是一種有意的挑逗，不信任的瞬間往往成為觀察現世的依據。每一個詩人都有自己認知事物的角度和立場，子梵梅的虛無感和幻滅感是真實的，她的獨特性使得她的詩有著特別的價值。

子梵梅喜歡獨自行走，像空氣一樣懸浮於人跡之外，她試圖在自我封閉的內心裏鑿開光的視窗，卻總是放棄，因為越臨近光，她就開始懷疑光。她一直希望做一個歌詠者，一個行吟人，一個民歌手，心懷裏總有吟詠的衝動和期盼。一旦機緣出現，她就能喜樂這樣的實踐，讓身心性靈全部沐浴在一種無法言喻的幸福裏。事實上，她陷入一個悲觀的懷疑者不斷跌落於無力的文字面前的無奈。

子梵梅認為，一個好詩人，要盡其力還給詞語清澈的本質。她盼望能在民歌那裏找到所希望的俗世的本真和漢語不被破壞的肌理，同時要發掘漢語的多重語義，派生出無窮無盡的命名。而她所說的向民歌學習，並非要成為一個「唯民歌手」，只是向其簡潔的敍事學習，向其舒緩的節奏和音律學習，盡力挽留詞語在被破壞之前的質地。她珍惜寫作的孤獨之感，追求詩的本真，並不介意評判者的褒貶，拒絕干擾和損害。

我有子梵梅的《還魂術》和《一個人的草木詩經》兩本詩集，使我忘掉現實中活生生的她而依據文本探尋她的詩，我讀到與平常閱讀經驗不同的文字，在決絕、冷豔、孤傲，有時顯得凌亂的字裏行間，發現完美中的殘缺，悲傷裏的喜悅，一個在矛盾中掙扎的詩人靈魂。「我在恍惚裏，完成了一次虛妄／

而歷來的清醒／很快替我結束幻象／我將離開／放棄全部詩篇／回到自己的生活」，在《立冬日》一詩中，又讓我還原了現實中的她，一個頭戴花環漫步於陽朔街巷的閩南女子。

王夫剛

在大地上安下我的心

去年初秋的一天，我突然想離開北京，想在一個陌生的地方抖落壓抑的情緒。在西單民航大廳，我詢問著東西南北方向的航班時刻，想在瞬間決定我的去向。這時王夫剛的電話來了，我便隨口問他是否在濟南，得到肯定回答後，我立即趕往北京南站，坐上動車前往臨時確定的出行地點。

二〇〇三年在深圳結識王夫剛、谷禾、黑棗、宋曉傑、雷平陽、路也、沙戈、三子、啞石、北野、譚克修、蔣三立、崔俊堂

▲王夫剛與藍野等人

等人之後，我改變了先前的某些認識，清楚地知道在「我們」之外還有許多優秀的詩人。這是近年來詩刊社最有質量的一次青春聚會，而我作為前朝遺少，浪得虛名得以混跡在他們中間，並未被這群精英厭棄並迅速融合成一個難忘的群體。為此，後來我們還專門編輯一本詩集《十九》，把請假未准的桑克和滯留巴西的胡續冬收錄進來，算是那屆活動的全員聚合。

王夫剛的生日是十二月二十六日，這個東海之濱的山東人竟然膽敢和領袖同一天來到人世，註定他的骨子裏有些氣宇軒昂的色彩，雖然他們相隔數十年。面對一些詩人的大師情結，他也平靜地道出自己的心聲：這些人都能做大師的話，我們做一分鐘大師似乎無甚不妥！按照權威機構的評價，王夫剛的詩歌交織於抒情與敍事之間，深刻、執拗、沉靜、豐厚，具有當下詩歌所缺乏的思辨色彩。他執拗地堅持一種對於日常狀態的迷戀與發掘，日常生活的細節在詩人王夫剛的心靈和寫作中，被發酵而醇化了。生活中的王夫剛氣質是質樸和平靜的，他的詩歌寫作與個人氣質一脈相通，他的詩歌不張揚，不喧嘩，在適度的節奏和偶爾的調侃中把現代繁華藏匿得簡潔而富於智慧。他以悲憫情懷和對細小事物的深切關懷來面對現代化進程中的鄉村和城市，面對「我」之外的我們，他試圖記錄鄉村與城市的現代命運，並在鄉村與城市的現代命運中尋找自己的精神座標，他的堅持和努力得到了詩歌的眷顧和詩歌界的關注。他讓我們隨他一起，看見了具體生活和草芥命運呈現出來的本來面目，體味到個人滄桑耽於沉靜的語言狂歡，並感受著大地和大地之上的事物的尊嚴。

「我驚異於大地上還有如此細小的河流。／在它的源頭我看到了生命／像一滴水，勾起大海的記憶。／我驚異於如此細小的河流／如此清澈地流經很多年／很多村莊，對世界的秩序有著／鏡子般的理解。我幾乎不敢相信／如此細小的清澈的河流／流經很多年和很多村莊之後／依然擁有比我更多的耐心。」專家們稱讚王夫剛的詩，以樸素而透徹的筆觸，嫻熟流暢的技巧，真實表達平凡現實的詩意和微小事物中的生活質感，因此獲得華文青年詩歌獎。他是在沉靜狀態裏不斷寫出好作品的優秀詩人，有人說他是一位面對現代鄉村與城市的思考者，事實是他借居省城多年，草垛和河流都在記憶中成為無端的懷想，他是在現代都市懷念鄉村細節的錯位裏不斷思考，這或許更為準確。他漸漸地喪失著現實中的鄉村，只能在追憶中欲說還休地留存鄉村的美好，作為新都市人反觀鄉村的詩，總是浸透著憂傷和無奈。

在深圳時，我曾數次提及山東的嗆面饅頭，王夫剛當時誇下海口，希望有一天能在濟南請我重品麵食中的美味。深圳之後，他數度前來京城，只要有空閒時間，我們都能坐在一起天南海北地暢談。記得第一次在北京見面時，正趕上午飯時間，我就近選了一家飯店，誰想到那家飯店裝潢之高檔，服務之細心，令我們都不自在。王夫剛說，我不習慣在這麼體面的地方吃飯，這小子心中一定猜想我經常腐敗。其實我走進來後，更是後悔不迭，畢竟要多花些許銀子。我再三解釋我並不是得瑟之人，恨不得把襪子弄出個洞來讓他相信彼此都是勞動人民，我說咱們只點便宜的菜，他才把屁股在軟椅上坐實。

山東一詩人介紹他還是詩歌老師，盡職盡責地培育祖國詩歌的花朵，只是我去的季節正值秋季，沿街綠葉還綠，花朵卻不知開在什麼地方。次日清晨，我拒絕王夫剛的美意，獨自登上千佛山，在霧靄輕漫的高處，端詳濟南的美麗景色。王夫剛在電話裏問我：「看到濟南城的全景了嗎？」我答：「濟南真是個大城市！」他冒充省城土著謙虛地說：「不，是較大城市。」其實王夫剛對自己腳下的齊魯大地相當熱愛，他正話反說的冷幽默，有時不仔細辨別，會信以為真地被他矇騙。在經濟危機愈演愈烈的時間裏，他說應該去看海，我聽從他的建議，乘坐長途巴士前往日照，去看秋天的海。

或許是盛夏已過，看海的人已經四散他鄉，大海在礁石的濤聲裏顯得有些寂寞。在去海邊的路上，很難見到遊人，城市地標性的船錨，豎立於寬敞大街的盡頭。似乎它應該留在海裏，但反過來想，我們或許就是遊走的魚。我知道這片土地是王夫剛的家鄉，他本來要一路陪同，被我婉言謝絕，有時一個人無目的出遊，會在時空的轉換中更替心中的氣場，可以在陌生的人群中發現生活的美好。

臨上車前，王夫剛送給我一本他家鄉自古以來出身或小住的詩人合集，同村明末詩人王公鍾仙的《鍾仙遺稿》曾啟動他潛在的詩歌理想。我不知道王夫剛和那位明末的詩人是否血脈同族，一路上的閱讀使我堅信，王夫剛抒情、敍事和思辨相融會的獨特詩歌，肯定超越先人，做一分鐘大師是可以的，做一天大師也行，但做一生的大師似乎沒有必要。

王夫剛又漂在北京了，這一次是因為華文青年詩人獎而成為首都師大的住校詩人。在安靜讀書和寫作的同時，沒有想到他大膽承接《青年文學》（中旬刊），作為這本雜誌的執行主編，他執拗地把它打造成以發表詩歌作品為主的純文學雜誌，這種勇氣是需要膽識的。從個人寫作到編輯公眾刊物，他自覺自願地正靠近他心目中美好的夢想。

黑棗

揣著指南針做夢

二〇〇八年夏天，因事前往福州，在奔赴首都機場的路上，我的腦海裏反復出現黑棗陽光般的笑臉。五年前，我在深圳第一次見到這位之前從未離開過福建的自然之子，他的質樸和純淨令我把他作為自己超越詩歌的朋友。那時我曾許諾，一定要去他的角美鎮，看他和他的書店。飛機降落福州的時候，我發短信給他，看他是否在角美鎮，以便決定我是否由福州拐往廈門。

得到我在福建的消息後，他打來電話盛邀前往角美鎮，其實他並不知道，此行福州前我已經決定

▲黑棗

去角美鎮，只是怕影響他的日常安排，在開往廈門的大巴上我還說沒有確定時間。我想突然出現在他的書店前，或許這樣的驚喜比預謀的約定更有情趣。福州的夏天簡直令我窒息，高溫天氣好似要將體內的水分完全擠出，即使午夜來臨溫度也不會降低，街邊空調排出的熱浪令人眩暈，出行成了艱難之事。上車前，我專門買了一張福建地圖，在廈門的南部終於找到角美鎮準確的方位。它離海不遠，說是屬於漳州，卻和廈門連為一體。

出現於黑棗的書店時，我能察覺到黑棗臉上閃現著喜悅的光芒。其實生活很有意思，有些人經常相遇，他只是生命中的一個熟人而已，有些人遠在天邊，卻可以把他作為自己的親人。黑棗的書店不是太大，一半賣書，一半賣文化用品。在靠近裏側的書桌上，他專門放置一套茶具，還配有燒水用的電壺。落座之後，他開始沏茶，福建烏龍的香氣彌漫於齒間。整整一個下午，我們坐在店裏，一邊喝茶一邊悉數深圳分別後的人與事。其間不斷有當地的熟人進店，習慣地也坐在桌前，接過黑棗遞來的茶杯。黑棗每天早晨七點即來店裏，各路朋友也會接踵而至，最多時竟有三十人之多。這些人中，大多都是本鄉本土的發小，他們一整天不間斷地來，讓足不出戶的黑棗接連不同的氣場，似乎並不感到寂寞。黑棗說，「我未曾流浪異鄉，早已葉落歸根」，若是有這樣一個小店，有一群質樸熱情的鄉親，有漫山遍野沁人心脾的茶葉，我也會甘心於這樣安靜的生活，而我們在欲海橫流的現實中，心中曾無數次地憧憬過黑棗般的生活，但多數人沒有黑棗的幸運。對現代人來說，故鄉是沒有路可以回的，葉落或許被風吹得更遠。

黑棗是一個地地道道的農家子弟，他在鄉下至今還有掛在名下的農田，在中國城市化的進程中，他是一個「離土不離鄉」的成功典範。像他自己調侃的那樣：「去電信局交電話費，熟識的營業員打開電腦就樂了：『林錢鵬』？你什麼時候改名了？要不要我幫你改回『林鐵鵬』？不改！不改！我鄭重其事地告訴她：我現在開店做生意，不掄鋤頭了，當然要『錢』不要『鐵』……」以一種豁達出世態度積極入世，也許是黑棗安於本土又任憑思想飛行的最大定力。他的詩乾淨易懂，從不刻意地雕琢與裝飾，完全散發著自然的醇香，像浸泡的大紅袍留香於所及之處。

黑棗不與人爭，既不是鄉紳，也不是鄉党，維持生計的小書店應該能夠免除生活的憂慮。他安靜地寫詩，純淨的詩歌中偶有狂野的情緒，但被他掌控得極好。詩界沽名釣譽的名利事件，與遠在角美鎮的他似乎全無干係。這是一種自然的狀態，不是修煉所成，它是骨子裏與生俱來的品質。那天還遇到他要好的發小，也坐下來一道喝茶。他的朋友說，黑棗是角美鎮的名流。其本人是一位才華出眾的詩人，妻子是當地知名的語文教師，兒子品學兼優在集美中學讀書，而且兒子出版的書比黑棗的詩集好賣得多。在角美鎮，廣大人民群眾知道的詩人似乎沒有比黑棗更讓他們觸手可及，他就生活在他們中間，他是角美鎮文化的亮點。名流的稱謂經常被一小撮精英人士所壟斷，在我看來，說黑棗是名流並不過分，他是角美鎮的名流，也將是中國詩歌的名流。黑棗之名流稱謂用權勢和資產是無法獲得的，他是福建自然狀態裏生長成的樹。

當晚黑棗約來廈門詩人陳功，三人在一家海鮮酒家裏用餐。席間他還盛情挽留我留宿角美，而我行程無法更改，只能連夜折返廈門。之後黑棗堅持去小鎮新開張的咖啡店品嘗咖啡，然後才放我離開角美。「螞蟻有沒有愛情？那麼小的一顆心臟，一跳就沒了。」黑棗有些疑問的迷惑是生命中無法揭示的問題，我們都將「沒了」，關鍵是在「沒了」之前如何跳動。螞蟻可以回歸大地，其實我們也會融入泥土。交談時，我發現陳功也是一位品性內斂的詩人，他對詩歌的專注與摯愛，心中更為火熱。在中國，像陳功這樣低調而優秀的詩人究竟有多少，我無從知曉，他們不熱衷虛幻的名聲而忠實於內心的體驗，他們不追逐流行的詞語而堅守著血脈的信念，他們不活躍於體面的臺面而傾注著靈魂的嘶喊。

回廈門的路上，我越發羨慕黑棗淡定的生活，甚至在想未來的某一天，尋找一個宜居的小鎮，也開個小書店，讀書寫字，品茗歡談，安度自己的餘生。我甚至寫下這樣的詩句：從今天早晨開始／我的腦海裏一直奔跑著／蒸汽火車，就是到站時拉響汽笛的／那種火車／它曾穿越十九世紀的田園／把小鎮的愛情帶向遠方／鐵軌觸動寂寞的神經／那些遠大志向的青年／從此客死異鄉……今年夏天，我會拒絕其他遠行的方式／搭乘久違的火車／漫無目的流浪。我要讓浮躁的心安靜下來／在座位上盡收鄉村的風景／看看遠山是否有一匹駿馬／棗紅色的，立起的鬃毛迎風飄舞／我將選擇不知名的小鎮下車／走在質樸之中／向陌生人祝福／告訴他們，我來自鐵軌的另一端／如果老人們把我當成孩子／我會留下來，一個假期／或者一生」。

比較福州而言，廈門是安靜的，比較廈門而言，角美更為安靜，而角美最安靜的所在，則是黑棗的書店。

伐柯

穿過一生的雪

二〇〇三年聖誕節在北京小營路的上島咖啡店裏，野夫召集了一個貌似詩歌朗誦的活動。當下形形色色的詩歌活動數不勝數，它要求你必須加以嚴格甄別，否則參加現場往往使人後悔不迭。這些年裏，野夫的隨筆是繼史鐵生之後能觸碰我淚腺的文字，他的《江上的母親》超出文學本身的意義，讀來唏噓滿懷。

那天晚會由郭力家主持，他是一個逢大場面有些緊張的人，未能充分體現出他平日的詼諧語言，相反，伐柯登場卻是當晚的亮點，他竟能完整背誦自己寫於一九九〇的詩《聖誕之手》，「穿過一生的雪／我終將沿途

▲伐柯

丟失朋友／面對一場深入內心的雪／我忽然低下頭去／遠方空穀的鳥聲／以我同樣的感動／翻閱著爐火旁紛至的信箚／沿途丟失的朋友／寂寞地浮出水面」，那一瞬間，他深沉的聲音使他變成另外一個人，不再是平時有些玩世不恭的樣子，呈現出本來的自己。

伐柯，是吉林大學詩人群體中的優秀代表。多年來，他沿襲一脈相承的低調特點，不屑在虛擬詩壇上留有名分，甚至主動切割與詩界的聯繫。這個在湖北長大的九頭鳥，在談到來長春讀書的因由，竟歸咎于中了張承志的毒。他在中學時代迷戀張承志的小說，愛屋及烏，因張畢業於北大考古系和中國社科院宗教所，他把將來的專業確定為考古專業。北大考古系對於一個鄂東鄉下的少年來說算是個艱難的選擇，膽怯讓他考分極高卻缺乏勇氣，與張承志的北大失之交臂，所幸的是，吉林大學考古專業收留了他。至今他還說，是張承志的小說《北方的河》和《黑駿馬》直接把他忽悠進了考古專業。看來我應該把自己手頭存有的張承志的《心靈史》送給他。

他是一個天生不安分的人，考古專業無法拴住他騷動的心，詩歌適時地選擇了這個青年學子，使他狂放不羈的靈魂有了棲息的家園。他的詩從內心開始，完全忠實於自身的生命體驗。那期間，伐柯擔當吉林大學北極星詩社的社長，除了詩歌外，也染指小說和散文。

他是胸懷吉大，放眼全國的校園詩人，曾主編構想宏大的《校園詩四季》，趙紅塵、韓國強等人都被他忽悠進去。他在大學校園裏經歷了時代的裂變，一聲槍響，打碎他們詩歌理想的美夢，由此助長了潰敗和頹廢的氣息，或許因為如此，持續多年的北極星詩社宿命般地走向終點。我不清楚他是不是最後一任社長，是他和馬大勇、馬波等人把吉林大學詩歌畫上淒美的句號。

在回憶吉林大學詩歌往事時，他說：「一九九〇年秋天，我和新一代的吉大詩人們在文科樓舉辦『北極星詩歌十周年回顧展』的時候，曾經收到眾多吉大詩人公木、徐敬亞、蘇歷銘、包臨軒、丁宗皓、李富根（高唐）以及顧問宗仁發、郭力家等人從全國各地寄來的賀信。其中印象最深的兩封信，分別來自徐敬亞和丁宗皓。徐敬亞只寫了洋洋灑灑的兩行大字『世界極小極小，吉大極大極大。』丁宗皓說，『吉林大學和北極星詩社，已經成為我記憶和生命中最硬朗的一部分』。可惜那時候沒有聯繫到野舟，但我們還是將他作為旗手的詩刊《審判東方》、《世紀四》的封面複印在展板之上，不知道他若收到邀請，是否還會向我們復述一遍：二十世紀是一家空蕩蕩的水果店？」他們視「赤子心」和「北極星」為一脈相承的詩社，這倒讓我生出幾分遺憾，當年若是沿用「赤子心」的名字或許更好。

伐柯的交集經緯多半延伸于大學圍牆之外，他和全國各地的校園詩人彭韶輝、韓國強、施茂盛、王強、周慶、巴沙、趙紅塵、郭羽、陳朝華、李峻嶺、周瑟瑟、邱華棟、黃佳君、江堤、沈亞丹、列林等人聯繫密切。在長春電影製片廠就職之後，經常折返校園，為的是不斷感受校園特有的思想自由的氛圍。郭力家的家就在學生宿舍樓的對面，伐柯必是所謂郭公館的常客。

有一次，他在那裏遇見師兄劉曉波，立即被他說話磕巴但思想敏銳所吸引，由此聯想他的《審美與人的自由》，他越加認識到劉曉波的深刻。敍談到深夜，大家各自散去，伐柯回長影宿舍，劉去自由大路，街上已無公共汽車。劉曉波結巴地說，操，我馱你一段吧，你可以少走兩站地。這位當年叱吒風雲的師兄，用他一輛叮噹響的老式自行車，很沉穩很安全地把他馱到自由大路，然後平靜地分手。午夜的長春街頭寧靜而遼闊，當時的伐柯，只惦記著儘快穿過夜幕回到自己的單身宿舍。多年以後回憶起那一幕，這位內心強大的湖北佬竟然眼眶發酸，忍不住掉下淚水，他真的很想如同那個春天的夜晚一樣，平靜地問一句：大哥，你現在還好嗎？

生活要繼續，而且一定會繼續。一九八九年是一個時代的分水嶺，我能想像出作為在校生的他及他們，怎樣痛苦地度過殘酷的時間。一群寫詩的青年，他們只能放聲大哭，把那一幕印在各自的心底，逐漸遠離充滿理想主義色彩的詩歌，吉林大學詩歌的情景劇由此悲壯地謝幕。馬波、柴國斌、方偉、李海濱、馬大勇、蘭繼業、白瑋……這些人和他一道，見證了一個理想自焚的悲劇。按照伐柯的劃分，他把吉大的詩歌和詩歌運動劃分成三代：徐敬亞他們赤子心詩社是第一代，蘇歷銘，包臨軒、張鋒、鹿玲這些八十年代初入學的詩人屬於第一代的延伸，《赤子心》、《北極星》和當時全國的主要詩歌雜誌都可以找到他們的作品；以野舟、丁宗皓、於維東、李富根、杜占明、曲楓為代表的第二代，標誌性作品就是一九八六年前後集結的《審判東方》、《世紀四》和《宗教人格派宣言》；他和馬波、柴國斌、方偉、李海濱、馬大勇、蘭繼業、白瑋等人屬於第三代，基本在一九八九年前後堅持詩歌寫作，代表性作品主要集中在《現代詩》、《詩歌報》和中國民間高校詩刊《邊緣》。

他堅持認為，無論怎麼劃分，都不能把吉大詩歌和一個至關重要的人物分開，這個人就是郭力家。畢業于東北師大中文系的人，是吉大中文系湘籍名教授郭石山的五公子，和詩人公木等老一代名師交情甚篤。少年成名、在《詩刊》青春詩會上曾讓西川、歐陽江河等人遭遇尷尬，他一直以「特種兵」的身份在八〇年代的詩壇特立獨行，《遠東男子》、《再度孤獨》這樣一些今天聽起來像流行歌曲名稱的詩歌作品，使他在「第三代詩人」的主力陣容裏顯得耀眼。郭力家氣場之強烈，甚至今天有人總結說「中國詩人名嘴之中，南有野夫，北有郭力家」，所謂「南野北郭」。我一定要找到當年吉大校徽，然後舉行一個小儀式，追認郭力家為吉林大學編外畢業生。

伐柯也是聰明過人，且南人北活，活得精彩紛呈。本來身為人民編劇的他，在資本市場最低迷之際，毅然以身相許，果敢地以小博大，演繹出中國版巴菲特的袖珍神話。他大隱於市朝，實現財務自由的他，重新燃起文學的欲望。「我是世界一枚小小的骰子／用懷舊的力量傾聽，雪落空山／以及被拒絕在門外的世界／用拋向半空的目光／迫使我鄰近的詩歌／在一隻貓的注視下／緩緩加深睡眠」。

孤峰無語，獨立斜陽，他浮出水面的瞬間，我預感總有事情發生。

新鋭文學19　PG0876

新鋭文創
INDEPENDENT & UNIQUE

詩的記憶
——我與54位當代中國詩人

作　　者	蘇歷銘
責任編輯	林千惠
圖文排版	彭君如
封面設計	王嵩賀

出版策劃	新鋭文創
發 行 人	宋政坤
法律顧問	毛國樑　律師
製作發行	秀威資訊科技股份有限公司 114 台北市內湖區瑞光路76巷65號1樓 電話：+886-2-2796-3638　傳真：+886-2-2796-1377 服務信箱：service@showwe.com.tw http://www.showwe.com.tw
郵政劃撥	19563868　戶名：秀威資訊科技股份有限公司
展售門市	國家書店【松江門市】 104 台北市中山區松江路209號1樓 電話：+886-2-2518-0207　傳真：+886-2-2518-0778
網路訂購	秀威網路書店：http://www.bodbooks.com.tw 國家網路書店：http://www.govbooks.com.tw

出版日期	2013年2月　BOD一版
定　　價	300元

版權所有・翻印必究（本書如有缺頁、破損或裝訂錯誤，請寄回更換）
Copyright © 2013 by Showwe Information Co., Ltd.
All Rights Reserved

Printed in Taiwan

國家圖書館出版品預行編目

詩的記憶：我與54位當代中國詩人 / 蘇歷銘著. -- 初版. -- 臺北市：新銳文創, 2013.02
面；　公分
ISBN　978-986-5915-37-7（平裝）
1. 作家　2. 傳記　3. 中國當代文學

782.248　　　　101023127

讀者回函卡

感謝您購買本書，為提升服務品質，請填妥以下資料，將讀者回函卡直接寄回或傳真本公司，收到您的寶貴意見後，我們會收藏記錄及檢討，謝謝！如您需要了解本公司最新出版書目、購書優惠或企劃活動，歡迎您上網查詢或下載相關資料：http:// www.showwe.com.tw

您購買的書名：＿＿＿＿＿＿＿＿＿＿＿＿＿＿＿＿

出生日期：＿＿＿＿年＿＿＿＿月＿＿＿＿日

學歷：□高中（含）以下　□大專　□研究所（含）以上

職業：□製造業　□金融業　□資訊業　□軍警　□傳播業　□自由業

□服務業　□公務員　□教職　□學生　□家管　□其它＿＿＿

購書地點：□網路書店　□實體書店　□書展　□郵購　□贈閱　□其他

您從何得知本書的消息？

□網路書店　□實體書店　□網路搜尋　□電子報　□書訊　□雜誌

□傳播媒體　□親友推薦　□網站推薦　□部落格　□其他＿＿＿＿

您對本書的評價：（請填代號　1.非常滿意　2.滿意　3.尚可　4.再改進）

封面設計＿＿　版面編排＿＿　內容＿＿　文／譯筆＿＿　價格＿＿

讀完書後您覺得：

□很有收穫　□有收穫　□收穫不多　□沒收穫

對我們的建議：＿＿＿＿＿＿＿＿＿＿＿＿＿＿＿＿

＿＿＿＿＿＿＿＿＿＿＿＿＿＿＿＿＿＿＿＿

＿＿＿＿＿＿＿＿＿＿＿＿＿＿＿＿＿＿＿＿

＿＿＿＿＿＿＿＿＿＿＿＿＿＿＿＿＿＿＿＿

請貼
郵票

11466
台北市內湖區瑞光路 76 巷 65 號 1 樓
秀威資訊科技股份有限公司 收
BOD 數位出版事業部

………………………………………………………………………………

（請沿線對折寄回，謝謝！）

姓　　名：＿＿＿＿＿＿＿＿　年齡：＿＿＿＿　性別：□女　□男

郵遞區號：□□□□□

地　　址：＿＿＿＿＿＿＿＿＿＿＿＿＿＿＿＿＿＿＿＿

聯絡電話：(日) ＿＿＿＿＿＿＿＿＿＿ (夜) ＿＿＿＿＿＿＿＿＿＿

E-mail：＿＿＿＿＿＿＿＿＿＿＿＿＿＿＿＿＿＿＿＿